现代期刊编辑出版理论与技能研究

高平亮 著

北京工业大学出版社

图书在版编目（CIP）数据

现代期刊编辑出版理论与技能研究 / 高平亮著. —北京：北京工业大学出版社，2022.11
ISBN 978-7-5639-8475-6

Ⅰ. ①现… Ⅱ. ①高… Ⅲ. ①期刊－编辑工作－研究－中国②期刊－出版工作－研究－中国 Ⅳ. ①G237.5

中国版本图书馆CIP数据核字（2022）第186522号

现代期刊编辑出版理论与技能研究
XIANDAI QIKAN BIANJI CHUBAN LILUN YU JINENG YANJIU

著　　者：	高平亮
责任编辑：	张　贤
封面设计：	知更壹点
出版发行：	北京工业大学出版社
	（北京市朝阳区平乐园100号　邮编：100124）
	010-67391722（传真）　bgdcbs@sina.com
经销单位：	全国各地新华书店
承印单位：	三河市腾飞印务有限公司
开　　本：	710毫米×1000毫米　1/16
印　　张：	11
字　　数：	220千字
版　　次：	2023年4月第1版
印　　次：	2023年4月第1次印刷
标准书号：	ISBN 978-7-5639-8475-6
定　　价：	72.00元

版权所有　翻印必究

（如发现印装质量问题，请寄本社发行部调换 010-67391106）

作者简介

高平亮，男，毕业于内蒙古农业大学，农林经济管理专业，硕士研究生。现任职于内蒙古财经大学，担任编辑一职。研究方向为编辑出版，已发表编辑出版类论文 20 余篇，参与省级及各类课题研究 5 项。

前　言

随着时代的迅速发展，传统期刊编辑出版模式有了更大的发展空间和更加多元化的平台，而数字化则是其发展的必然趋势。为了实现期刊编辑出版的顺利转型，提高期刊编辑出版的质量，相关编辑人员与工作者应充分借助当今时代的技术优势来提高自身的技能，从而全面推进传统期刊媒体的现代化进程，顺应时代发展的潮流。

全书共八章。第一章为绪论，主要阐述了期刊的起源与发展、期刊的定位与风格、期刊的出版管理、期刊编辑工作的基本流程与模式等内容；第二章为现代期刊编辑出版工作现状与创新，主要阐述了现代期刊编辑出版工作现状和现代期刊编辑出版工作创新的必要性等内容；第三章为现代期刊的选题策划，主要阐述了选题意识、选题方法、选题优化等内容；第四章为现代期刊的审稿与编辑加工，主要阐述了现代期刊的审稿、现代期刊的改稿、现代期刊的编辑加工等内容；第五章为现代期刊的装帧与校对，主要阐述了现代期刊的装帧设计和现代期刊的校对工作等内容；第六章为现代期刊编辑出版后期工作及出版技术的变迁，主要阐述了现代期刊编辑出版的后期工作和现代期刊编辑出版技术的变迁等内容；第七章为现代期刊编辑素养的提升技巧，主要阐述了现代期刊编辑的主要职责、现代期刊编辑应具备的素养、现代期刊编辑素养的提升策略等内容；第八章为新媒体时代期刊编辑出版的转型发展，主要阐述了信息技术在期刊编辑出版工作中的应用和新媒体时代期刊编辑出版的数字化转型策略等内容。

在撰写本书的过程中，笔者借鉴了国内外很多相关的研究成果，包括著作、论文等，在此对相关学者、专家表示诚挚的感谢。

由于本人水平有限，书中有一些内容还有待进一步深入研究和论证，在此恳切地希望各位同行专家和读者朋友予以斧正。

目　录

第一章　绪　论 …………………………………………………………… 1
 第一节　期刊的起源与发展 …………………………………………… 1
 第二节　期刊的定位与风格 …………………………………………… 10
 第三节　期刊的出版管理 ……………………………………………… 18
 第四节　期刊编辑工作的基本流程与模式 …………………………… 24

第二章　现代期刊编辑出版工作现状与创新 …………………………… 27
 第一节　现代期刊编辑出版工作现状 ………………………………… 27
 第二节　现代期刊编辑出版工作创新的必要性 ……………………… 32

第三章　现代期刊的选题策划 …………………………………………… 34
 第一节　选题意识 ……………………………………………………… 34
 第二节　选题方法 ……………………………………………………… 47
 第三节　选题优化 ……………………………………………………… 52

第四章　现代期刊的审稿与编辑加工 …………………………………… 56
 第一节　现代期刊的审稿 ……………………………………………… 56
 第二节　现代期刊的改稿 ……………………………………………… 70
 第三节　现代期刊的编辑加工 ………………………………………… 73

第五章　现代期刊的装帧与校对 ………………………………………… 81
 第一节　现代期刊的装帧设计 ………………………………………… 81
 第二节　现代期刊的校对工作 ………………………………………… 94

第六章　现代期刊编辑出版后期工作及出版技术的变迁 ……………… 104
 第一节　现代期刊编辑出版的后期工作 ……………………………… 104
 第二节　现代期刊编辑出版技术的变迁 ……………………………… 110

第七章 现代期刊编辑素养的提升技巧 …… 117
第一节 现代期刊编辑的主要职责 …… 117
第二节 现代期刊编辑应具备的素养 …… 121
第三节 现代期刊编辑素养的提升策略 …… 124

第八章 新媒体时代期刊编辑出版的转型发展 …… 128
第一节 信息技术在期刊编辑出版工作中的应用 …… 128
第二节 新媒体时代期刊编辑出版的数字化转型策略 …… 134

参考文献 …… 166

第一章 绪 论

期刊是一种定期出版的刊物。本章分为期刊的起源与发展、期刊的定位与风格、期刊的出版管理、期刊编辑工作的基本流程与模式四部分，主要包括期刊的概念、期刊的起源、期刊业的发展、期刊的定位、期刊的风格、期刊出版概述、期刊出版管理的理论基础、期刊编辑工作的基本流程、期刊编辑工作的基本模式等内容。

第一节 期刊的起源与发展

一、期刊的概念

"期刊"一词最早由英文"magazine""periodical""journal"三个单词翻译而来，其中"periodical"的含义比较广，通常包括报纸与杂志。15世纪中期，活字印刷术传入欧洲后不久，最早的期刊开始在欧洲出现。

"期刊"一词可以概括为广义和狭义两种概念。广义的期刊相当于连续出版物；狭义的期刊又称杂志，不包括报纸、丛刊等连续出版物。我国1985年批准实施的国家标准《GB/T 3792.3—1985 连续出版物著录规则》对连续出版物的定义为：具有统一的题名，定期或不定期以连续分册形式出版，有卷、期或年、月标识，并且计划无限期连续出版的印刷或非印刷形式的出版物。连续出版物的外延包括期刊、报纸、年度出版物、丛刊等无限期连续出版的文献。从以上表述中可以看出，期刊与连续出版物不是对等关系，期刊是连续出版物的一部分。

我国国家标准对"连续出版物"这一概念进行了定义，但并未涉及"期刊"的具体概念。由中国社会科学院语言研究所词典编辑室编著的《现代汉语词典》

将期刊定义为"按一定时期出版的刊物"。我国权威工具书《辞海》对期刊的定义为：期刊，又称杂志，是根据一定的编辑方针，将众多作者的作品汇集、装订成册，定期或不定期出版的连续出版物。联合国教科文组织将期刊定义为：凡是标题连续不断（无限期）且定期与不定期出版，每年至少出版一期（次），每期均有期次、编号或注明日期的均可称为期刊。我国国家新闻出版署在1988年11月发布的《期刊管理暂行规定》中将期刊定义为"有固定名称，用卷、期或年、月顺序编号，成册的连续出版物"。

参照各家说法，结合我国期刊业发展实际，笔者对期刊做如下界定：期刊，又称杂志，是指期刊编辑出版单位遵循一定的办刊宗旨，在统一的题名下，根据特定的编辑方针进行组稿、编辑、出版的传播、交流科学文化知识的定期或不定期的、意欲无限期编辑的连续出版物；在内容上每期汇集众多作者不同类型的文章，表明不同作者观点或报道各种信息，以统一的装帧形式装订成册；每期依次标明卷、期或年、月等顺序，每期版式基本相同。

二、期刊的起源

（一）世界期刊的起源

世界上最早的期刊诞生于1665年1月5日，是法国学者在巴黎创办的《学者期刊》。该刊是一种图书目录性质的期刊，主要报道在法国和国外出版的各类图书。也有人认为1663年在德国出版的《启示月谈》是世界上最早的期刊，但是这份期刊只刊载里斯特的个人作品，缺乏期刊刊载多个不同作者作品的特征，所以多数人仍认为世界上第一本期刊是《学者期刊》。

第一本用于学术交流的期刊是亨利等人于1665年3月6日创办的英国皇家学会汇刊《哲学会报》（也译作《哲学汇刊》）。该刊现名为《皇家学会哲学会刊》，分为A、B两辑，它是世界上创刊最早、寿命最长的学术期刊。自1665年出版第一卷以来，《哲学会报》曾经刊登过包括牛顿（Newton）、达尔文（Darwin）、法拉第（Faraday）在内的众多著名科学家的经典论文，为科学交流与现代科学思想的广泛传播做出了不可磨灭的贡献。

从早期期刊的销售分发方式来看，主要有两种形式，可以通过分销渠道，如报摊、书店等进行销售，或免费分发；也可以通过订阅的方式，通过邮政系统分发。由于期刊比报纸更重，在邮递的过程中更复杂，收取的费用比其他邮件要高得多。高邮寄费使得很多期刊无法长时间维持以至倒闭，早期期刊多在区域性小范围内发行。有着商业头脑的爱德华（Edward）战胜了物理距离，为《绅士杂志》开发了广泛的发行系统，使其获得了巨大的成功，一直蓬勃发展到19世纪末期，在所有英语语系的国家都可以读到它。

在大众传媒时代，大街小巷都有报刊亭作为纸媒的固定分销点，期刊成为流行读物。消费者期刊多以单期零售或整年订阅的形式销售，一些期刊有数十万订户订阅，有些期刊甚至在19世纪20年代突破了百万销售大关。

（二）中文期刊的出现

最早的中文期刊是英国传教士于1815年在马六甲创办的《察世俗每月统记传》。此刊为木版雕印，中国线装版式，宗教内容占了较大篇幅，但也有一些阐释伦理道德和介绍天文、地理等科学知识的作品。每月一期，每期6～7页，文体有论文、小品、对话、书信、诗、告帖等，主要在东南亚华人中发售。

《六合丛谈》是上海最早的一本中文刊物，由英国传教士伟烈亚力（Alexander Wylie）主编，墨海书馆出版，每期13～18页，一万字左右，形式类似今天32开本的线装书。从1857年1月至1858年3月，《六合丛谈》共出版了15期。

中国第一本以"杂志"命名的期刊是1862年7月在上海创刊的《中外杂志》，为月刊。中国早期的期刊还有1868年的《中国教会新报》，它由美国传教士林乐知（Young John Allen）主编，1872年8月改名为《教会新报》。这本刊物的宗旨是联系教友和沟通传教信息，读者对象是外国传教士和信教的华人。从1874年9月5日第301期起改名为《万国公报》，从此逐渐转变为一本以时事政治内容为主的综合性刊物。《万国公报》周刊出版到1883年7月28日第750期停刊，1889年2月才复刊，成为广学会的机关刊物，并改为月刊，册数另起，篇幅由8页扩充到12页、16页，仍由林乐知主编，仍是一本以时事政治内容为主的综合性刊物。但也有明显的变化，即时评增多，并有中国知识分子投稿参与，如1895年的第69期到70期连载孙中山的《上李鸿章书》。在《万国公报》上发表的评论，大到中国的政治制度和外交事务，小到一般的具体问题，各种内容都有。《万国公报》开阔了当时中国知识分子的眼界，激发了仁人志士对祖国命运和前途的思考。

三、期刊业的发展

（一）国际期刊业的发展

1. 英国

英国在1476年就有了第一架欧式印刷机，当时所印内容主要是宗教和文学类作品。随着欧洲政治与宗教斗争的复杂化，印刷业的不断扩大和印刷品的广泛传播对皇权造成一定的威胁。于是从1528年起，英国皇室开始对出版业采取管制措施，主要措施为建立皇家出版特许制，并于1557年建立皇家特许出版公司。这是最早的官方控制的出版同业公会，出版成为一种特权行业。另外，英国还设立了皇家出版法庭，最早起源于1570年，用于处罚各种不合规制的印刷行为。

18世纪是英国期刊业大发展时期。在18世纪初期，《闲谈者》和《旁观者》最为脍炙人口。《闲谈者》于1709年4月创刊，每周3期，共出版了271期。开始设想分5类题材：娱乐性的、有关诗歌的、学术性的、国内外新闻、杂感，后杂感逐渐占了优势，内容涉及修养、礼貌、家庭生活、尊重妇女，着意刻画一个理想绅士的形象，不谈政治，在塑造人物方面接近小说。作者的教育启蒙目的十分明显，提倡适度、合理、节制和具有高尚趣味的社会道德标准，这是当时整个社会改造道德风尚潮流的一部分。

《旁观者》于1711年3月创刊，它的主要精神与《闲谈者》无异，但创造了一个6人俱乐部，有地主、军官、律师、花花公子、牧师和商人，他们既是社会中、上层的代表，也是刊物的服务对象。此外，期刊中还包含一些文学批评类文章，如对弥尔顿、美和悲剧的论述。期刊主编很早就提倡古代谣曲，开创以后浪漫主义诗歌的风气。这个刊物比《闲谈者》影响更大。

从18世纪末到19世纪中叶，英国妇女在社会政治、生活中的作用与地位发生了变化，具有一定新知识和新思想的妇女渴望能参与社会与政治活动，且对家政、服饰等也有了新的追求。当时英国国内正在缓慢发展的期刊业也敏锐地注意到妇女读者的阅读兴趣，并对此加以鼓动，陆续创办了一批满足妇女爱好、售价低廉的期刊。较为典型的妇女期刊为1770年的《女士杂志》（月刊），售价6便士，主要刊登小说、诗歌、时装以及妇女针织手工艺术等内容。1798年的《女士博物馆》（月刊），此刊的主要特色是采用50%的篇幅刊登时装图片来吸引妇女读者，后被确认为英国第一本女性图片期刊。1806年的《文萃》，该刊办刊的读者意识很强，专门开设了读者来函栏目，听取和反映读者意见。1832年，《女士杂志》《女士博物馆》和《文萃》3种女性期刊合并，但保留了《女士杂志》为刊名，办刊风格集三家之长，红火了一个时期，到1872年停刊。

1852年，《英国妇女家务杂志》创刊，当时刊物售价多为一先令，而该刊售价只有两便士。这是英国第一本有关妇女家政管理的期刊，其读者对象为一般妇女，主要刊登家庭生活、家政知识等方面的文章。该刊不同于其他妇女时装类刊物，既考虑女性读者欣赏时装服饰的审美需求，又提供时装制作指导，成为世界首个刊载服装裁剪纸样的期刊，很受妇女读者的欢迎。

2. 美国

美国是一个移民国家，殖民地时期美洲原住民栖息地被占领，来自北欧和西欧地区的移民是美国白人的主要组成部分，这些精英群体是国家的建立者和文明的缔造者。印刷技术也伴随殖民地的开发被带到了美洲，早期主要用于宗教书籍的印刷。随着政治斗争的发展，文化领域也被全面白人化，各党派都赞助了报纸以满足各党派的宣传需求，美国的新闻业迅速发展。印刷厂在印刷书籍之余也会兼印报纸，美国的报业成为倡导革命的有效力量。

相比之下，美国的期刊发展较为缓慢曲折。1741年2月13日，在伦敦的《绅士杂志》创办10年之后，美国的第一批期刊问世。费城的出版商安德鲁·布拉德福德（Andrew Bradford）试图在美洲创立一本殖民地版本的《绅士杂志》——《美国杂志》，但只出版了3期就停刊了。在《美国杂志》创刊仅3天后，本杰明·富兰克林（Benjamin Franklin）发行了《综合杂志》，但好景不长，创刊后也只发行了6期。两本杂志都不太成功，迅速夭折。

早期的期刊非常昂贵，几乎只属于精英阶层才会消费的"奢侈品"。杂志创办者也不是着眼于短期的经济利益，而是试图为读者提供一些有价值的内容。期刊的读者群是那些能够支付订阅费用并受过良好教育的精英群体，主要是男性群体。受众面相对狭窄也是早期期刊"夭折"的原因之一。

直到18世纪末美国独立战争之后，美国的期刊业才慢慢步入正轨。在殖民地时期的美国东北部地区，如以费城、波士顿、纽约等城市为中心出现了一批区域性期刊，为当地人们提供一些本地化的娱乐信息，这批期刊持续的时间都不长。由于讯息传递的速度不一致，加上本地原创作者的缺乏，期刊中的小说大都来自大西洋彼岸的转载或改编。这种"借鉴"现象在美国期刊文化的发展之初比比皆是。

进入19世纪，美国结束了南北战争之后，大西洋海底电缆的铺设、电报、电话、无线电广播等新型信息传播媒介相继诞生，同时报纸类印刷品的数量大幅增长，各报纸还利用无线电的快速传播特性来互相竞争抢占新闻头条，以书面文字为表达方式的印刷媒介仍旧是人们阅读的主要方式。此时，新的媒介技术还不足以支持全面覆盖，技术尚未达到与报纸等的新闻媒介竞争的程度，但这种新的媒介的出现加速了报业业内优胜劣汰的进程。

1904年美国印刷商偶然发明了平版胶印技术，利用橡胶滚筒着墨，转印到纸张上。德国发明家古腾堡的凸版印刷原理是利用凸起的部分附着油墨，再通过压印使油墨印刷到纸张上。不同于古腾堡，胶版印刷不会在印版表面凸起或凹陷，而是利用水油分离的原理使得油墨附着于金属版上，通过橡胶滚筒转印到纸张、木材、布料、金属等各种材质上。继而印刷技术发展到将滚筒卷纸用于印刷机，这种轮转胶印机彻底改变了印刷业，提高了报纸的印刷效率并降低了成本，是现代印刷技术的原型，至今仍然在使用。印刷技术的发展是19世纪末美国现代期刊业起步继而大跨步发展的推动剂。

欧洲时局动荡，各政权对印刷业都曾施以严格的管控，没有印刷许可就属于非法出版。相对而言，美国在独立之后从未有过出版审查制度来限制出版的自由，且政治、经济、社会、工业等的发展速度超乎想象，新闻出版活动自由，出版业开始进入高速发展时期。美国在各大城市都会有一些在本地有影响力的报纸，主要有日报和周报两种形式，日报一般每天或工作日发行，周报则每周一发。报纸的普及加上美国在人口密集区域设立公立学校以普及基础教育的措施初见成效，识字人群不再局限于上流社会精英男士。加之印刷的网点技术使得纪实性的摄影照片在报纸端呈现，图像化之后的报纸通俗易懂，使得包括妇女、儿童在内的大多数美国人都乐意阅读。

而报业的发展愈发政治化，开始变为各政党进行政治斗争、宣传教育和控制舆论的工具，业内竞争激烈，开始进入兼并、垄断阶段。1883年5月，来自匈牙利的犹太人约瑟夫·普利策（Joseph Pulitzer）在纽约收购并改版了《世界报》，用通俗易懂的语言替劳动者发声，对纽约的上层人士发出猛烈的抨击，在短时间内赢得了大众的支持，成为全美新闻界的泰斗。普利策热心于政治，利用报纸作为平台支持格罗弗·克利夫兰（Cleveland）的选举，公开参与党派斗争，其主张引发的舆情直接影响公众的选举。

随着女性文化程度的提高，大众对于新事物的兴趣也在增加，并对大众化的话题产生了浓厚的兴趣。为了激发和提倡家庭娱乐，报纸在当时发展出一种以娱乐为主题，包含新闻、诗歌、历史等内容，并附有装饰纹样和图画的期刊，成为人们闲暇之余的必读品，也是大众进行娱乐的第一选择，因此得到广泛的推广发行。

在期刊市场化之后，开始发展期刊特有的属性。相比报纸，期刊的尺寸更适合日常翻阅，印刷材料更高级，画面呈现的效果也有了质的提升。相比书籍，期刊的连续性在行业中起到了积极互动的作用，形成了独特的期刊文化。期刊出版商对期刊封面进行了艺术化的装饰，就连植入的广告也进行高雅化的改进，广告页面成了人们阅读的一部分，这是期刊与报纸、书籍的基本区别。期刊的娱乐性的阅读方式成为一种潮流行为，期刊是人们追求生活娱乐化的结果，其与报纸最大的不同就是无实用性、非必需品，是阅读方式向娱乐化转型的物质见证。

20世纪的前半个世纪，北美大陆远离了世界大战的主战场，避免了直接的军事冲突，社会相对稳定，美国的经济、社会、科技等的发展速度超乎寻常，跻身世界强国之列。而同时期的欧洲则战争连年，诸多资产阶级和新贵人士寻求海外栖居地，继而移民美国。1921年和1924年的限制性移民法使得永久性移民几乎只向北欧人和西欧人开放，来自德国、英国、爱尔兰、意大利、波兰、法国、苏格兰、荷兰等国家的移民们共同生活在美国，不同国籍、民族人们的融合和冲突是造成美国文化多元和开放的原因之一。美国的资产阶级倡导自由主义，并为自己及下层社会人民谋取政治、宗教等自由权利，是社会进步的主导和中坚力量。到了20世纪后半期，美国移民的构成逐渐发生了变化，主要移民来源地由早期的欧洲向南美洲和亚洲等地区转移。由于移民的多文化元素的并存，美国现代期刊文化在萌芽期由借鉴欧洲期刊模式开始，在美洲本土发展壮大。

由于印刷业和运输业发展的双重利好，美国的报纸、期刊业得到巨大的发展。期刊在这个时期成了流行媒介，一些刊物拥有数十万订阅者，信息通过期刊的发行广泛传播，成为大众传媒之一。期刊受众人群诸多，期刊可以根据自身读者的数量与广告客户签订销售协议，广告的收益成为期刊收入来源之一。随着工业化进程的推进，大量的新产品需要推广销售，美国进入消费时代，广告业迅速发展，麦迪逊大道的广告代理公司成为广告业的核心地标。广告巧妙地利用各种媒体把产品信息推送给消费者，以达到大规模营销的目的。

3. 法国

法国是世界上最早出现期刊的地方，但在法国资产阶级大革命之前，权力集中于国王身上。为了控制思想传播，从1474年起，法国官方开始着手管制出版业，并于1537年建立出版检查制度，由此导致许多进步期刊只能在出版比较自由的荷兰出版。1789年，法国发生了资产阶级大革命，报刊审查制度得以废除。此后的10年时间，法国国内先后创办了1350余种新的报刊。

启蒙运动的兴起促进了19世纪法国期刊业的发展，一些以专题内容为主的期刊纷纷创刊，例如《夫人杂志》《医学杂志》《商业杂志》和《法律杂志》。进入20世纪，随着国民教育的普及、社会文明程度的提高、运输业与通信技术的发展及报刊读者阅读兴趣的提高，期刊与报纸出版业以前所未有的势头迅速发展。

法国在期刊史上占有重要的地位，许多类型的刊物都是在法国首开先河。1672年的《文雅信使》创办于里昂，创办人为国王宠信，主要刊载政界及文学界新闻。不久，改以刊载文艺作品为主，实际成为给社交场合交谈提供材料的杂志，内容从婚姻生活、沙龙闲话到诉讼案件、社会新闻和流行娱乐。后改名《法国信使》，该刊出版几年后，效仿者众多。因该刊主要是人们在生活休闲时阅读的，后来学界认定《风雅信使》是世界上出版的第一种文娱性期刊。

法国巴黎是世界上公认的时尚之都，时装又是时尚之魂。1785年巴黎出版了一种名为《时装橱窗》的双月刊，该刊是世界上创办时间最早的时装期刊。1894年西欧工业化革命迅速发展，有人看到汽车市场日趋火爆，于是在巴黎创办了《汽车杂志》期刊。这个刊物是世界上最早的汽车期刊。

（二）中国期刊业的发展

1. 萌芽阶段（19世纪末—1948年）

19世纪末，中国的期刊陆续出现。戊戌变法以后，产生了很多宣传政治思想的期刊，如《新民丛报》《民报》等。1873年，《时务报》创刊，主编为梁启超，内容以政论为主。1902年2月，继《清议报》后，梁启超创办的《新民丛报》（半月刊）在日本横滨正式出版发行。在创刊号上，梁启超开始以"中国之新民"的笔名发表了他的脍炙人口的论文《新民说》。全文共20节，约11万字，分期刊载。《新民丛报》为辛亥革命前维新派的重要刊物，初期着力介绍西方资产阶级思想政治学说，言论激进，对中国知识界产生很大影响。

"一战"前后，科技、人文类期刊开始产生，如《电界》《矿业杂志》《北京大学学报》《新青年》等，它们宣传新文化、新思想。1919年—1927年，全国约有期刊526种，以周刊和月刊为主。20世纪20年代末到30年代前期，中国期刊业出现了一个热潮，时人称为"杂志年"。尤其是1932年以后，期刊数量猛增。

第一章 绪 论

"二战"前后，时事性期刊发展加快，如《东方杂志》《大众生活》等。各种专业期刊、文学期刊发展迅速，文摘类期刊也逐渐产生。1935年，全国共有期刊1796种。

《大众生活》周刊作为中国宣传抗日救亡的时事政治性周刊，于1935年11月16日在上海创刊，由邹韬奋主编，主要撰稿人有邹韬奋、毕云程、金仲华、章乃器、杜重远、沈兹九、陶行知、沈雁冰（茅盾）等。它设有"星期评坛""时事论文""国内外通讯""社会漫画""随笔小品""大众信箱"等栏目，以"力求民族解放的实现，封建残余的铲除，个人主义的克服"为办刊宗旨，主张团结抗日、民主自由。《大众生活》最高发行量达20万份，是当时国内发行量最大的刊物。

2. 奠基与开拓阶段（1949年—1977年）

我国期刊业是伴随着中华人民共和国成立后波澜壮阔的体制、文化重建和创新过程逐步发展起来的。同时，在20世纪50年代末到60年代、70年代中期，我国遭遇了严重的自然灾害和社会动荡，正常期刊出版活动停滞，绝大部分期刊被迫停刊，进入了中国期刊发展史上的"萧条期"和"低谷期"。

1949年中华人民共和国成立，中国历史从此开辟了新纪元。新中国对新闻出版业的彻底改造使期刊业迅速呈现出新面貌。在1949年到1964年之间，国家发布了一系列关于期刊发展的政策，为期刊发展奠定了基础。

期刊出版的法律法规、政策的渐次发布，使新中国期刊出版发行事业逐步趋向规范化、法治化，极大促进了新中国期刊事业的发展，呈现了我国期刊事业的初步繁荣。

1958年4月2日，中共中央发布了《关于各省、市、自治区必须加强理论队伍和准备创办理论刊物的通知》，迅速催生了一大批党建理论期刊。20世纪60年代初，我国遭遇了严重的自然灾害，纸张供应紧张，致使1960年全国期刊种数、印量大幅下滑。从1966年开始，社会动荡导致正常的期刊出版活动基本停滞，大部分期刊被迫停刊。直到1976年，我国的社会主义建设重新回到正确的轨道，期刊业重获新生。

3. 变迁与繁荣阶段（1978年—2012年）

1978年12月，党的十一届三中全会后，全党工作重点转移到社会主义现代化建设上来，极大地解放和发展了生产力。1992年，党的十四大确定了社会主义市场经济体制的改革发展目标，生产力再次得以解放和发展。伴随着生产力的解放与发展，期刊业进入快速发展期。2002年，党的十六大正式提出包括出版业在内的文化产业概念，确立了出版业在全面建设小康社会中的极为重要的地位和作用。2007年，党的十七大提出深化文化体制改革、完善扶持公益性文化事业、推动文化大发展大繁荣的政策，期刊业以深化体制改革为突破口，不断加快管理体制和所有制格局的改革，走上了市场化、数字化、国际化的道路，呈现出良好的发展态势。

改革开放以后，党和国家对新闻出版业高度重视，在动荡时期饱受摧残的期刊事业，在进入历史新时期后快速复苏并取得了傲人的成绩。但是伴随着经济的快速发展，我国期刊业的品种结构和消费市场需求不匹配的深层矛盾日渐突出，因此，产生了1985年、1989年和2003年三次报刊治理整顿运动，以2003年的整顿影响最深远。通过不断深化改革，基本解决了结构不合理、市场竞争力弱等突出问题，增强了期刊传播力和舆论引导力，提高了期刊出版业整体水平。

4. 转型与融合阶段（2013年至今）

从2013年至今，我国期刊业进入集团化、集约化、专业化发展时期。全国期刊工作者按照党和国家工作要求，积极推动期刊业转型升级和融合创新，推动我国期刊高质量发展及期刊强国建设。

第二节　期刊的定位与风格

一、期刊的定位

（一）什么是期刊定位

期刊的定位就是确定期刊在市场中的位置，包括读者定位、主题定位、内容定位和风格定位。定位意味着确定期刊专攻的市场领域，即确定到底要满足哪类消费者、什么样的需求，以何种风格发布什么样的消息和图片。期刊的定位包括：编辑主体对目标读者的预期分析与确定，期刊采编经营活动对读者定位的贯彻实施以及目标读者对期刊定位的反馈。由于期刊的直接消费者是读者，因此期刊定位中最根本的一点是确定读者群，期刊的读者定位决定其内容定位、风格定位等。

现代社会的期刊种类愈来愈多，市场细分的趋势也日渐显著，每一种期刊都只能满足某一特定人群在特定场合和特定时间的需求。因此，定位准确是现代期刊成功的基础，定位越模糊，期刊越难以取得成功，期望一本期刊可以老少皆宜的时代已经过去。面对激烈的市场竞争，期刊的定位越准确，广告商的高额广告费用的增值价值就越高，期刊也越容易受到广告商的青睐。同时，定位越精准细致，越能塑造期刊的品牌形象。

（二）如何给期刊定位

期刊是一种信息和知识载体，其定位的内涵十分广泛。给期刊进行定位时，首先必须坚持正确的办刊宗旨和方向，明确期刊肩负的使命，就是要坚持"为人民服务，为社会主义服务"的大方向。其次要根据作者、编辑和读者的特征，从满足市场需求的角度为社会主义市场经济和科技发展服务，这是我国所有期刊的共性。

1. 定位的两个基本关系

期刊定位要处理好两个基本关系：一是基本读者与"浮动读者"的关系；二是读者的共同需求与特殊需求的关系。所谓基本读者，是指期刊预期设定的读者对象，是期刊的主要读者群体；而"浮动读者"，是指期刊的传阅者、偶然购买者等读者对象。期刊的定位应立足于基本读者，适当考虑"浮动读者"的信息与知识需求。

所谓共同需求，是指大多数读者都感兴趣的题材；特殊需求，是指一部分读者感兴趣的题材。共同需求与特殊需求的关系，亦可以理解为期刊受众的基本信息需求与增值需求之间的关系。基本需求是支撑读者阅读一本期刊的基本信息与知识量；特殊需求则是读者阅读后的特别收获，如理财、养生、保健、生活态度、某一类型事件价值观的确定等，每获得其中一个小的满足，读者就收获了增值信息，也即满足了读者的特殊需求。

2. 定位的内涵

（1）读者定位

读者定位是刊物创办必须考虑的要素之一，对于文学刊物来说，读者既是刊物的受众群体，也是刊物调整发展路线的指示灯。读者对象的定位决定了刊物的风格特色，如同一个人的个性决定了他的语言、行为、穿衣、社交范围等；反过来亦一样，刊物的风格特色决定了读者的范围。一本文学期刊的预期读者往往能够从它的栏目设置、文章内容和办刊理念中反映出来。例如《新周刊》的目标读者定位，在时事与生活之间，它更关注生活；在生活与时尚之间，它更在意时尚。它的目标读者群定位在25岁左右、关心时事与时尚、追求个性表达、有主见、有思想、有一定消费能力的阅读人群。

（2）品牌定位

菲利普·科特勒（Philip Kotler）认为，品牌是一种名称、术语、标记、符号或图案，或是它们相互组合后用以识别某个销售者、某群销售者或者能够与竞争对手相区别的产品或服务。美国市场营销学会在1960年将"品牌"定义为，"不同竞争者为相互识别而赋予各自产品或服务的名称、说明、标记、符号、形象设计及它们的组织"。总体上，品牌的概念可以从广义和狭义两个方面来理解。广义概念是指能够利用抽象化的、特有的、能识别的元素表现差异性的、具有经济价值的无形资产，这种无形资产在出现时能够使人们产生一定的综合反应。狭义上的"品牌"是一种"标准"或"规则"，这种"标准"或"规则"通过对理念、行为、视觉三个方面的标准化及规则化约束，获得一定的特有性、价值性、长期性、认知性以及对内对外的两面性。品牌发展总体上是品牌从产生到消亡的全过程，包含品牌设计、创立、营销、管理、保护、延伸、提升等一系列系统性的策划管理工作，促使品牌借助情感、文化的力量超越产品的物质力量。

王颖振指出期刊品牌不仅是期刊的名称、标记或形象，也是办刊理念、市场定位、编辑风格、经营管理、整体形象的高度概括。曾任中国期刊协会常务副会长的张伯海认为判断期刊品牌的标准有10项，从产品内容、读者作者、期刊产业、国际市场、文化标志、社会发展等多个角度对期刊品牌进行界定。以下是结合文献、经过概括总结出的期刊品牌的8个判断标准（表1-1）。

表1-1　期刊品牌的8个判断标准

序号	标准角度	标准内容
1	产品	期刊品牌是视质量、信誉如生命的、信得过的产品，更是由内在的丰厚底蕴与外在完美风采结合而成的高智力产物
2	内容	期刊品牌是引领期刊内容、创意、手法、形态、风格等方面风气之先的"黑马"
3	读者	期刊品牌是读者的首选，其价值超过购买期刊的费用；也是读者的精神产物、心灵天使，在给读者带来愉悦的同时，善于将读者引入一个情趣相投、相互启发的环境中

续表

序号	标准角度	标准内容
4	作者	期刊品牌是作者一心向往的发表园地，既有凝聚力，又有竞争力，令每个作者都兢兢业业，作者都以在它的旗下为荣
5	期刊产业	期刊品牌是提高期刊生产力的强大动力，其以数量与质量上的权威力量拉动期刊事业发展，是不断壮大期刊产业实力的"尖兵"
6	国际市场	期刊品牌是中国期刊进入世界期刊之林的入场券，是应对国际期刊市场竞争的"重量级选"
7	文化标志	期刊品牌是先进文化的标志。在国际期刊市场上，可以根据期刊品牌层次的高低之别，判断出谁是文化的"巨人"、谁是文化的"侏儒"
8	社会发展	期刊品牌是参与社会变革、推动社会进步的舆论先锋。从近一二百年的中外历史中可知，知名期刊往往能对社会改革发展起推动作用

一个期刊品牌形成，说明该期刊得到了读者和市场的认可，具有很高的知名度和很大的影响力，这时期刊的名称已经成为具有市场价值的无形资产。一份刊物要成为品牌期刊，有相当漫长的路要走。期刊品牌定位是品牌建设的基础，包含了办刊理念、办刊定位、市场定位、读者定位等一系列定位。精准定位是创建期刊品牌的基础，只有找准了期刊自身的定位，才能确定期刊的办刊风格和未来发展方向。

3.定位考虑因素

对于一本期刊而言，定位需要考虑四个方面的因素：市场、读者、竞争者、自身。

（1）市场

期刊编辑应了解期刊市场的流行趋势和市场细分状态，以及各细分市场的规模与利润水平。在经济全球化的今天，期刊市场的走向可以说是国际化和本土化的进一步融合。2005年10月3日出版的《时代》(亚洲版)周刊，湖南卫视的"超女"冠军李宇春赫然出现在周刊封面上。李宇春是作为该刊评选的25位年度亚洲英雄人物而登上《时代》周刊的，此消息一出，立即引发国内媒体争相报道、热烈讨论。《时代》周刊是美国著名的三大新闻期刊之一，对于《时代》周刊此举，国人既有赞誉也有质疑之声。毫无疑问，这一期《时代》周刊引发了中国人民的强烈关注。

然而鲜为人知的是，印有李宇春照片的那期《时代》周刊并不曾在美国露面，不仅如此，它甚至不曾在亚洲的大部分地区露面；印度发行的同期杂志，封面人物是印度网球选手索尼娅·莫扎（Sonia Mozah）；在东南亚地区，封面人物则是在印度洋海啸之后决意重建家园的五位亚齐妇女；在日本发行时，封面人物是日本的一位演员；韩国版的则是韩国的足球选手，只有在中国发行的封面人物才是李宇春。

从全球范围来看，中国、印度、日本以及东南亚地区的发达国家都是潜力巨大的市场，第二产业、第三产业的跨国企业充分认识到这些细分市场的重要性。同时，不同国家和地区的市场具有不同的兴奋点，为了契合本土的流行趋势，便在期刊的内容和侧重点上做文章，以赢得当地读者的关注和好感。国际与本土相结合，再以市场为导向，无疑是《时代》周刊成功的定位策略。

（2）读者

期刊编辑应掌握特定细分市场中的读者特征，包括性别、年龄、收入、偏好、购买习惯、地域范围等。

美国的《新闻周刊》在读者定位上十分明确，这从以下两个方面可以看出来：一是在地域范围上，它设计有3个海外版，即大西洋海外版、太平洋海外版、拉丁美洲海外版，而在美国本土又设计有97个不同的地区版。更令人叹服的是，《新闻周刊》还将地区版继续分为不同的城市版。二是针对读者收入设计不同的版本："黄金版"是专为年收入25000美元以上的读者制作的，"大学版"是专为大学师生量身定做的。

1996年8月，由广东省新闻出版局和三九集团联合主办的《新周刊》正式创刊。它以"中国最新锐的时事生活周刊"为宣传口号，以新锐的观点和言论为特色。与此对应，它把自己的目标读者群定位在年龄25岁左右、关心时事时尚、追求个性表达、有主见、有思想、有一定消费能力的年轻人。与以往的新闻类周刊不同，《新周刊》明确地把自己的读者从广泛的普通大众中独立出来。

（3）竞争者

期刊编辑应了解竞争对手的定位、优势和劣势，分析市场存在的机会，以确定自己的特色。对市场和读者进行定位后，可能并没有凸显杂志的特色，这时就要求对竞争者有全面的了解和分析，寻找其他机会。

《三联生活周刊》《新周刊》《中国新闻周刊》三本期刊均定位为时政新闻类周刊，但创刊时间有先后，同时定位也略有区分：《三联生活周刊》创刊于1995年，由生活·读书·新知三联书店创办，办刊宗旨是"以敏锐姿态反馈新时代、新观念、新潮流，以鲜明个性评论新热点、新人类、新生活，以最快、最丰富、最好看的标准梳理一周新闻"。《新周刊》在同年 8 月创办，以无厘头式的调侃、思维跳跃的专题为主打内容，以年轻人喜爱的方式表达自己的新锐观点。该刊口号为"中国最新锐的时事生活周刊"，文章大多将新鲜、潮流的生活理念融入时事话题中，与《三联生活周刊》的人文关怀有所不同。相比《三联生活周刊》和《新周刊》，2000 年由中国新闻社创办的《中国新闻周刊》则回归新闻时事杂志的本源，以"为广大读者提供国内、国际重大新闻报道为主，内容涉及广泛且富有深度，重点在于挖掘新闻背景和内涵"为宗旨。它利用中新社独特的资源背景，强调独立调查的原则，将新闻和评论分开以保证新闻报道的客观性。

（4）自身

期刊编辑应调查分析杂志社内部的各种资源，如内容资源、作者资源、环境资源或平台资源，确定优势资源和劣势资源，结合自己的办刊目标和方针确定自己的位置。

创刊于 1922 年的《哈佛商业评论》（*Harvard Business Review*，简称 HBR），是哈佛商学院的标志性杂志。依托哈佛商学院这一全球顶尖的管理学研究机构，《哈佛商业评论》始终致力于发掘和传播工商管理领域最前卫的思想理论、观点和方法，帮助管理者不断更新理念、开阔视野、适应变化，与时代共进。由于其独到的定位和资源优势，它几乎没有新闻图片，也没有时事报道，而是提供理念、着重科研，为企业的从业者服务。

国内期刊中，依托优势资源的例子也不在少数，如《中国国家地理》。它的前身是《地理知识》，最初由我国老一辈地理学家施雅风、吴传钧等人筹资创办，目前隶属中国科学院，有国内最优秀的自然地理和人文地理的专家、学者作为顾问，同时还有许多战斗在科考第一线的工作者与之保持密切的联系。因此，《中国国家地理》上刊登的文章和报道在国内具有独家性和权威性，也奠定了它在国内地理旅游类杂志中一枝独秀的地位。

4. 定位策略

（1）差异化策略

服务差异化的研究在欧美国家起步相对较早，具有比较完善的理论体系。差异化战略在迈克尔·波特出版的《竞争优势》中首次被提出。差异化理论的发展受到越来越多的学者的关注，众多学者进行了大量的富有成效的研究，既丰富了现有的理论体系，又可以为需要进行差异化服务的企业提供理论依据。

有学者认为，在同质化产品和服务的竞争过程中，要将同质化的普通产品或服务转变为独有的产品或服务，以满足客户的各种需求。企业必须在产品创新与设计或所提供服务的内容和服务流程上进行探索与创新，并探索差异化服务的内涵与本质。詹姆斯（James）等认为，了解差异化服务意味着以客户的新需求为中心，创造新的产品与服务的感知体验。这种感知和体验区别于旧产品和服务或者区别于同类型产品和服务，它具有独特性，是企业实现差异化发展的一个重要途径。也有一些学者认为，差异化服务策略需要通过多种差异化途径来实现，从优质或具有性价比的原材料，到生产过程中新工艺与新技术的应用，产品独特的包装形式，再到创新性的营销与配送模式等，都会使企业提供给客户区别于竞争对手的产品与服务，使企业在竞争中处于优势。

李大鹏认为，差异化服务是服务水平、业务流程、资源配置、服务产品、服务人员素质与技能的差异化，只有融合这些差异化策略，才能体现差异化服务的真正内涵。李曼认为，差异化服务更应关注产品本身品质与服务的差异化，而不应该过分关注价格，以不合理的价格来占领市场，这会增加行业竞争对手间的正面冲突，也不利于企业自身的长久良性发展。王文芳认为，差异化服务策略要综合企业定位、客户需求、客户体验与满意度等因素来制定，而当某些因素发生变化时，企业需要依据当下实际情况重新回顾或修订服务策略，差异化服务并非一成不变的。

在现在高速发展的以互联网为背景的时代下，信息的广泛、快速传播使得不同客户之间的不同需求变得越来越显著。因此，企业实施差异化营销策略是必然趋势。

差异化营销是一种系统创新，包含了企业在产品、形象、价值等方面的创新。差异化营销主要涉及以下几方面的内容：

①市场定位差异化。市场定位差异化是差异化营销的核心，为企业进行差异化营销活动指明了方向。

②产品差异化。产品是品牌的载体，产品差异化主要是指产品的具体形象、功能等方面的具体表现与其他竞争品牌之间的差异。

③品牌差异化。品牌差异化体现了客户对企业最直接的感受与认知，是将企业形象与其他品牌区分开来的基础。

④渠道差异化。渠道差异化与产品差异化是相对应的。不同产品会通过不同渠道进行宣传与推广，而宣传与推广渠道的不同又决定了产品最终服务的目标客户不同。

⑤价格差异化。简言之，价格差异化是由产品差异化以及渠道差异化所决定的。因为不同的产品和不同的宣传与推广渠道所形成的成本存在差异，因此所呈现出的价格也存在差异。另外，从不同宣传与推广的渠道获得产品的目标客户也不同，他们对于产品的需求也存在差异，因此他们所能付出的产品价格也不同。

⑥促销差异化。所谓促销差异化，指的是产品在推广形式上表现出来的差异。促销是企业对产品进行推广的一种有效方式，是企业进行营销活动时常采用的营销手段之一，是对营销方式的补充，也是市场定位差异化、品牌差异化以及产品差异化的一种表现形式。

期刊的产品差异化可以通过印刷质量、版式设计来体现；服务差异化可以通过期刊提供的延伸服务来体现，包括提供信息咨询、会务、专项培训等服务；人员差异化是指通过培养和聘用比竞争对手更优秀的人才来获得竞争优势，人员差异化是期刊竞争中的重要内容，优秀的编辑、作者能大幅提升期刊的竞争力；形象差异化是指通过塑造个性鲜明的品牌形象所产生的差异。

（2）无差别策略

无差别策略也称无差异性市场营销，主要是指面对细分化的市场，企业看重各子市场之间在需求方面的共性而不注重它们的个性，不是把一个或若干个子市场作为目标市场，而是把各子市场重新集合成一个整体市场，并把后者作为自己的主要目标市场。这一点尤其明显地体现在时尚类期刊中。众多时尚期刊以共同的时尚生活与时尚元素作为期刊定位的市场方向，在一般读者看来，它们之间的共性大于差异。无差别策略的优势是成本低——因为不必进入市场细分所需的营销研究与规划，可降低营销研究的成本并减少管理费用；劣势则是这种策略可能引起激烈的竞争，当同行中有许多人如法炮制之后，可能导致大市场内竞争过度。

二、期刊的风格

期刊的风格是指期刊从内容到形式所体现出来的整体特色和个性，也就是期刊从内容到形式所体现出来的特征化、个性化的特点。

期刊的风格并不是单指期刊的某一期的特点，而是综合期刊各期所共同呈现出的特色与个性。由于期刊的创刊宗旨与期刊编辑的学识素养、价值观念及政治立场的不同，不同的办刊者对同类期刊的封面设计、排版方式、栏目设置、文章筛选等也会不同，从而呈现出的期刊的风格也会不同。

无论是一种期刊还是一本期刊，无论是自然科学期刊还是社会科学期刊，都是由若干篇作品组成的一部综合性的艺术作品，都应当具有自己的艺术特色和个性，这就构成了期刊的风格。期刊主要是靠自己的独特风格屹立于期刊之林的。但期刊的风格不是一期或两期甚至短期内就可以形成的，它有一个实践和形成的过程。为了加快这个形成的过程，期刊的编辑者从一开始办刊就不能不重视期刊风格的选择和设计。这是许多成功期刊的经验。

社会主义提倡艺术作品政治方向的一致性与艺术风格的多样性的统一，正是风格各异的期刊组成了五彩缤纷的期刊的花园。独特的风格是期刊的生命。要想办出一种好的期刊，首先应当形成有别于其他期刊的独特的风格。

风格一般体现在内容与形式中。确定期刊的风格应当着眼于期刊的内容与形式，即涉及期刊内容与形式的一切方面，都要依照刊物特定的任务、特定的读者对象做出自己独有的设计来。期刊的内容与形式影响期刊风格通过下面诸多因素：①办刊宗旨；②读者对象；③期刊性质；④期刊内容；⑤期刊立场；⑥用稿标准；⑦稿件比例；⑧装帧设计；⑨期刊容量；⑩期刊周期；⑪期刊名称；⑫印刷装订；⑬期刊定价；⑭期刊发行。另外还有一些其他可以影响期刊的因素，但上面这14项是主要的因素。

第三节　期刊的出版管理

一、期刊出版概述

（一）传统出版的概念

我国很早就开始了出版活动，古人用"雕印""版印"等行为概括当时的出版活动。1833年一本中文刊物《东西洋考每月统纪传》中第一次出现"出版"一词；1906年清政府颁布的《大清印刷物专律》中写道："所谓记载物件者，或定期出版，或不定期出版，即新闻丛录等，依本律名目，谓之记载物件。"其中，"记载物件"便是指出版物。在西方，拉丁语中早有表示出版的词语"Pubicare"，意为公之于众。综合中西方关于出版概念的论述，可以得知"出版"即编辑、复制作品并向公众发行的活动。而传统出版则是在"数字出版"这一概念提出后，为了与之相区别而对以往出版模式进行总结提炼而成的，其主要是以纸张为主要传播媒介的实物化出版物，采用的方式是通过印刷、印制技术，把图文呈现在实物载体上，并进行发行流通。传统出版物主要包括图书、期刊、报纸、音像等。传统出版活动包括内容的整理加工、印刷、发行等一系列过程，不包括以智能手机、电脑、iPad 等互联网内容展示载体所呈现的数字内容。以图书为例，传统出版包括图书选题策划、排版、三审三校、印前审读、申请书号、发布 CIP、出胶片及生成 PDF 印刷文件、印刷等环节。由此可见，传统出版活动需要大量的人力、物力、财力，虽有不易丢失、保存价值与品鉴价值更高等优点，但它有印制成本高、时效性较差、环保性差、读者参与感弱等不可忽视的缺点。

（二）近代期刊出版研究

2006 年由河南大学出版社出版的《中国期刊发展史》由宋应离主编。该书将历史唯物主义史观贯穿全书，主要从"期刊为社会服务"这一角度审视二百年来的期刊发展历史。该书将历史线索梳理得非常清晰，体现了社会变迁的轨迹，在介绍社科期刊的同时，也着力介绍科技期刊的历史。该书为民国期刊研究者在时代背景的梳理以及研究角度的选择方面提供了重要参考资料。

2010 年由上海远东出版社出版的《图说民国期刊》由李勇军著。该书主要以图文结合的方式呈现民国期刊的历史，对民国期刊画进行了详细的梳理研究，对于出版人、研究者来说有较大的参考价值，对于收藏爱好者来说还具有一定的收藏价值。

2010 年由山西人民出版社出版的《山西期刊史》是我国第一部研究地方期刊历史的著作。该书记录了山西期刊从 1900 年至 2008 年百余年的发展历史，探索和揭示了山西期刊发展的历史规律，为我们把握山西期刊的发展脉络，研究山西地方史乃至全国的期刊史提供了丰富的资料。

2017 年由人民出版社出版的《中国期刊史》第二卷（1911—1949），由石峰主编，吴永贵著。作者在搜罗各种史料的基础上，以期刊与近代社会、思想、文化的历史关系演化轨迹为主线，按照时间顺序将社会思潮、文化思潮与期刊的兴衰及传播效果结合起来进行考察。

二、期刊出版管理的理论基础

（一）产品生命周期理论

产品生命周期（Product Life Cycle，简称 PLC），主要指的是产品的市场寿命。可以将其简单理解为，一个新的产品从生产出来到被市场所淘汰的一个变化发展过程。结合相关的实践可知，不管是什么类型的产品，都大致需要经历一个开发、引入、成长、成熟、衰退的发展阶段。产品生命周期理论对于企业生产产品、管理产品以及进行产品营销来说具有重要的理论启示意义。根据产品生命周期理论，可以将产品的发展分为不同的时期，分析其在不同的时期内所呈现的特征，从而采取针对性的管理或者营销策略，以最大限度地提高产品运营效率。在产品生命周期理论分析过程中，所需要考虑的变量因素相对减少。

1. 产品初期

这一时期期刊出版公司应做最小可行产品（Minimum Viable Product，简称MVP）。这一时期的主要工作是进行产品的生产，其工作的核心主要在于进行客户产品需求分析，并根据客户需求的变化进行相应的产品生产调整，以不断地积累忠诚客户。基于产品生产发展还不成熟，这一时期的产品生产不能过于细致，要为之后的产品生产调整留出适当的空间。如果企业的产品是内容型的，为了实现更好的运营管理，可以适当地进行用户增长控制，以保证产品生产的质量定位。

2. 产品成长期

这一时期是期刊出版公司的快速发展时期，产品生产的关键在于完善其产品功能，确定期刊出版所面对的核心用户，并根据其核心用户需求进行产品方向规划。这一时期是期刊出版公司发展的关键时期，必须加大对期刊出版资源的投入，并注重扩大产品的用户数量规模。值得注意的是，不能盲目扩大用户数量规模，而是根据期刊出版公司的发展定位发展核心用户，提高用户的忠诚度。

3. 产品成熟期

这一时期的期刊出版公司已经具备了一定的实力，其产品生产的主要工作在于进行产品服务升级，深入挖掘潜在用户，强化期刊产品生产的营销亮点，进一步扩大期刊产品的用户数量规模。

4. 产品衰退期

这一时期期刊出版公司的工作主要在于延长产品的寿命，并在此基础上深入挖掘用户的新需求，改进产品并对接市场创新产品。

（二）项目管理理论

项目是由每一个阶段的具体活动组成的，是一个组织为实现既定的目标，在一定时间、人员和其他资源约束下，所开展的为实现一系列特定目标、有一定独特性的一次性活动。将每一个阶段串联起来就组成了一个完整的项目，可以将这个过程具体分成两个部分，也就是项目实现以及管理两个过程。从时间层面而言，两者具有一定的重合性。然而，从具体的作用层面来看，两个过程既体现出一定的区别，同时也会彼此促进。对于期刊出版公司来说，可以将每一个期刊项目看作一个项目管理的模块，根据不同的期刊项目主题进行项目运营流程的规划。虽然各个项目的主题不同，但是期刊出版的每个工作环节都大致相同，将其工作流程按照项目管理方法进行划分，即项目的启动、计划、实施与控制、收尾。

1. 项目启动

可以将该过程当作开始阶段。这一阶段所涉及的管理内容包括：选择并严格审核一个项目或是项目的具体阶段，该过程是项目能否启动以及顺利推进的关键环节。

该阶段的工作主要是根据期刊出版项目的特点制定项目启动计划书，包括营销建议、选题样张、合作方式、成本预算等，确定出版合同，启动期刊出版项目。

2. 项目计划

该阶段贯穿于整个项目的始终，是项目运行中必不可少的阶段。该阶段工作内容就是针对相关的事宜进行计划与设计，并且制定出每个流程的项目目标、项目内容等。该过程所涉及的管理内容包括：针对项目或者是项目阶段进行总体目标的制定，并基于目标进行项目范围的拟定，也就是过程中涉及的所有资源、总体资金以及相关的材料等要确保符合质量要求，明确每个阶段的具体进度以及各种潜在的风险。

该阶段的工作主要是组建项目团队，选出合适的项目成员并合理分工，估算每个期刊项目的具体完成时间，并划分每个时间流程中该完成的目标量；科学分配投资项目管理资源和资金，制订整体期刊出版项目运营规划。

3. 项目实施

该阶段就是进行整个项目的实施与控制工作，也就是基于现有的各种资源进行整合，并且在现有方案的基础之上合理地进行项目实施的各项工作。在该过程中，涉及的管理内容包括：针对当前的各种资源进行整合以及充分利用，并且协调各方的工作，使得项目质量达到相关的标准，获得预期效果。

项目控制就是在具体实施的过程中，要做好相应的测试以及监控工作，使得项目的推进能够朝着正确的方向发展。假如出现了一些方向上的偏差，可以第一时间做出调整。该过程所涉及的管理内容包括：拟定质量的具体检测标准，针对项目的实施情况进行实时监控，识别管理过程中有可能存在的一些差错，及时做出纠正。同时也要重视项目整体的灵活调整，确保在项目实施过程中对项目整体进度与成本的控制，最终在团队的共同努力、协调下，科学地控制项目成本和风险。

这一流程的主要工作是定期组织期刊出版项目管理工作交流会议，就管理过程中遇到的一些困难和进度进行沟通交流，强化对期刊出版的时间、成本、资金以及质量的监控。

4. 项目收尾

收尾阶段也被叫作结束阶段。在该阶段需要进行项目成果的接收，所以要针对相关的工作做好收尾工作。该过程所涉及的管理内容包括：针对项目的移交确保各项工作的顺利开展，并促进整个项目的完美收尾等。

在整个项目管理过程中，不同的环节是前后递进的关系。其中关键的要素间属于输入与输出的关系。同时，这些关系并不只是单向的，有时也是双向的。实现彼此之间的沟通是通过信息或者文件。例如，在针对特定项目进行管理时，计划阶段就是要针对实施阶段做好详细的计划书，从而获得更多的信息反馈并实现材料的更新。

项目管理负责人一定要清楚，每一阶段的管理过程中难免会有一些重叠和交叉的情况。通常情况下，前面一个阶段并没有完全结束，但是已经开始了下一个阶段，所以在项目管理的过程中也体现出了重叠以及交叉的特征。首先是项目启动阶段，在该过程并没有完全结束的时候，计划过程就要着手准备，同时在计划过程中也会涉及实施以及控制过程，也都可以做相应的准备。而在实施阶段并没有完全结束的情况下，就需要进入收尾交付阶段。因此，项目管理各个阶段都是彼此联系的，并不能将其分离开来进行管理。而内部管理过程的重叠以及交叉状况，在一定程度上也能够体现出整个组织中的关系。

这一阶段主要是及时核算期刊出版各个阶段的成本投入，包括印刷、编辑、版权购买等各方面的成本，并将项目重点转移到期刊营销环节。

三、期刊出版管理的内容

（一）组织管理

出版组织管理就是按照已确定的目标，对各种出版业务进行类别划分，规划出不同的、职能分明的管理部门，施行层级式的管理，明确地规定各部门及其工作人员的管理职责以及它们之间的相互合作关系，并对此合理化授权的过程。有效的组织管理不仅有利于组织内部关系的协调、各方面积极性的调动，而且有利于提升组织的整体效应，发挥出整体的力量。

出版机构的组织结构多为直线职能制。直线职能制是在较大组织内，根据标准化、专业化原则，将工作事务依据时间顺序划分为各种单项工作，成立相关的职能部门，而职能部门进一步地对出版机构进行具体管理的一种组织结构。其最大优势就是分工负责。设置各职能部门后，出版机构最高权力分散下放到各职能部门，形成分工负责局面，便于集中管理，发挥人员专长。要注意的是，出版机构的职能分工往往以编辑部为核心，这是因为编辑是整个出版流程中最为重要的环节。

（二）人员管理

出版人员管理，简单来说，指的是出版机构对人才的科学培养和合理使用。首要目标就是激发人员的工作主动性，鼓舞工作人员全力以赴去工作，发挥人员的最大价值，使得人尽其才。

如果出版机构人员管理做得到位，员工在工作中就没什么怨言，很多工作人员即便拿着微薄的薪水，依旧会努力工作。出版机构的领导与普通员工的关系也会十分融洽，内部沟通与协作会十分顺畅。

（三）质量管理

出版质量管理是出版机构对出版物质量的管控。出版物质量包括内容、编校、设计和印制四个方面。内容质量指出版物的思想性、科学性、艺术性和可读性等具体的文字内容质量。编校质量指出版物在编辑、校对方面的质量。设计质量则指出版物的内文排版、装帧设计的质量。印制质量则是纸张质量和印刷效果等产品形式的质量。

（四）发行管理

出版发行管理主要指出版机构对出版物发送到读者手中的流通渠道的选择和管理。出版业的出版、发行要有明确的分工，出版社、书店、报社的出版和发行工作分开进行。

早期出版业的发行方式主要有四种，分别是门市发行、批发发行、邮购发行和流动发行。门市发行即在固定门店进行零售；批发发行指的是出版机构向本地或外地的大宗购书者进行成批销售；邮购发行是出版机构通过邮局向读者邮递书刊的一种发行方式；流动发行是出版机构把书刊带出店门，运送到读者比较集中的地点，临时摆摊，进行售卖。

第四节　期刊编辑工作的基本流程与模式

一、期刊编辑工作的基本流程

业界有人将期刊编辑工作分为综合编辑工作和具体编辑工作，其依据之一为期刊是由一期期独立的"个体"组成的，各期均具有编辑工作的独立性。这是对具体编辑工作的阐述。而各期期刊又有统一的编辑工作计划和总体的编辑思路，有年度选题、组稿的全盘预先规划，各期之间具有紧密的连续性。这就是划分综合编辑工作的依据。期刊的综合编辑工作与具体编辑工作划分的主要用意，是突出期刊作为定期连续性出版物与图书编辑工作的区别。正如徐柏容在《期刊编辑学概论》中所说，就期刊实际编辑工作而言，是没有这种综合编辑工作与具体编辑工作的截然区分的，进行这种划分是为了研究期刊编辑工作更加方便。

从期刊编辑学总体研究的角度，把期刊编辑工作分为综合编辑工作和具体编辑工作未尝不可。在两种工作的内容分类上，综合编辑工作实质为期刊编辑工作的整体性工作，包括期刊出版单位制定期刊编辑方针、明确总体编辑构思、进行宣传工作和质量检查等。期刊的信息收集、市场调查和读者阅读反馈等，既可归于期刊的整体性工作，又可属于编辑个人应做的局部性工作。具体编辑工作主要是指编辑个人必须独立完成的期刊编辑流程的基本工作，也就是传统俗称的期刊编辑"六艺"，即由"选题—组稿—审稿—加工—编排—校对"组成的期刊编辑工作基本流程。

当然，现代编辑工作的流程早已在"六艺"的基础上得到扩充和延伸。在确定选题之前以及在校对、付印后，还有许多编辑应该做和必须做的工作均未包含在传统的"六艺"之内。"六艺"仅是对现代编辑的最基本的工作要求。正由于在期刊编辑工作中有少数编辑的工作仅停留在"六艺"层面上，久而久之，期刊编辑工作中就出现了"闭门想题—等稿上门—文责'自负'—凑稿编刊—'同上'发排—校对比红"的"懒六艺"。前面四项顾名思义，比较好理解。第五项

"'同上'发排"是指少数编辑对文稿进行排版及格式加工时，只标明了文稿第一部分的编排要求，后面的就用"同上"二字了事，根本不做认真核对；文稿后面的部分是否还有不同的结构，或有图表等需要加工也全然不顾了。第六项"校对比红"，是指少数编辑在文稿发排后，依赖作者和校对员对文稿的校对，编辑个人只校最终的比红校对稿。这种极不负责的工作态度和工作作风是编辑工作的大忌。正因为编辑工作中存在这种现象，自然在文化市场上也就有了无读者、无影响、无效益的"三无"期刊，甚至某些办得好的期刊，有了这样不负责的编辑后编出一两期与整体不协调的刊物就不足为奇了。这也是为什么文化市场上存在"低劣"期刊的解说"脚注"。

二、期刊编辑工作的基本模式

我国当前的期刊编辑工作，一般分为两种不同的模式：一种为栏目责任编辑制，另一种为刊期责任编辑制。两种模式的编辑工作流程基本相同，编辑工作运作方式相异。

（一）栏目责任编辑制

期刊具有的内容多样性，不仅使得期刊编辑工作与图书编辑工作有所区别，而且使得期刊编辑工作具备特殊性。期刊的多样性文稿都是按照特定的栏目归类编排的，不同种类的期刊具有不同栏目，不同的栏目刊登不同学科内容、不同体裁或不同类别的文稿。由此期刊编辑工作就有了按栏目分配责任编辑的模式，即期刊编辑部按照刊物设置的各类栏目进行责任编辑分工，视编辑人员与栏目数量，每位编辑分配数个栏目负责其全程编辑工作。例如采用栏目责任编辑制的学术性期刊，通常是按编辑所学专业之长分栏目负责编辑工作。采用栏目责任编辑制的其他类期刊，一般根据编辑爱好、特长或特点分栏目负责编辑工作。此种方式的优点是编辑在其熟悉的专业学科，或在其爱好、擅长的类别里开展编辑工作，有利于保证文稿的质量，提高栏目的水平，办出期刊的特色。

（二）刊期责任编辑制

顾名思义，刊期责任编辑制，就是每一期刊物都有一位专门的编辑人员负责全期的整体性编辑工作。也就是说，根据刊物的年出版期数，分由不同编辑承担不同出版刊期的全程编辑工作。实行刊期责任编辑制的期刊，其编辑要负责期刊全期不同专业学科或不同类别的所有文稿的编辑工作。例如某种双月出版的期刊，通常是分由几位编辑按期刊出版的先后顺序，各负责一期或数期刊物的编辑工作。此种方式的优点是编辑工作的周期性长，时间充裕，有利于编辑全面、广泛地接触期刊所涉及的学科，联系作者，了解读者。对编辑流程的前期和中期工作，责任编辑可自行安排，适当延长；对于选题、组稿、审稿三项费时间和花精力的工作，在时间上可进行自由调配，同样也有利于提高刊物办刊质量。

比较以上两种责任编辑制，相对而言刊期责任编辑制比栏目责任编辑制更具独立性。但栏目制的编辑以栏目为主体，保障了期刊栏目内容、特色的连续性。而对于刊期制来说，期与期之间主要依靠每期编辑落实年度选题计划来维系每期之间整体内容的连续性。由于各期编辑又有各自不同的编辑风格，从某种意义上来说，刊期制将无形地影响到期刊整体的连续性。这就要靠刊物主编进行协调、把关。

总之，不论期刊采用何种责任编辑制，目的只有一个，就是提高期刊整体编辑质量，充分发挥和调动编辑的工作积极性，加强编辑工作管理，有利于展示、了解、比较和考核编辑人员独立工作的能力与水平。

第二章　现代期刊编辑出版工作现状与创新

期刊的健康、可持续发展离不开高质量的期刊编辑出版工作，对期刊编辑出版工作现状进行研究有利于期刊的高质量发展。本章分为现代期刊编辑出版工作现状和现代期刊编辑出版工作创新的必要性两部分，主要包括出版行业的现状、期刊的发展现状、期刊编辑面临的挑战、期刊编辑出版工作面临的困境、提升期刊编辑出版工作质量的需要、满足期刊读者阅读需求的需要等内容。

第一节　现代期刊编辑出版工作现状

一、出版行业的现状

我国出版业正经历着一场深刻变革。一方面，以互联网和移动互联网为代表的新兴媒体呈现蓬勃发展之势，内容呈现、传播方式与舆论格局发生重大转变，出版业的产业结构出现重大变化。如何在新形势、新变革中寻求最佳的发展方向、选择最适合的发展路径，以激发更强的发展动力，是我国出版企业面临的共同问题。另一方面，当前，全球政治、经济格局正处于前所未有的新时期，我国经济发展面临着内外环境发生重大变化带来的新矛盾、新挑战。出版业亟需进入文化竞争主战场，争夺主流话语权，抢占道德制高点，为我国实现"两个一百年"奋斗目标保驾护航。

纵观出版业发展史，出版业的演进过程以技术创新为动力，始终伴随着不同出版形态或媒介形态的演变，融合是出版业发展的内在规律。从造纸术、活字印刷术、机械印刷等的发明，到计算机、光电子技术等的应用，再到如今以信息技术和网络技术为主导的互联网的出现，出版的产品形态、生产流程和生产传播模式都发生着翻天覆地的变化。新技术带来的突破在最初阶段总是以其强大的力量给传统媒体以巨大冲击，但经过一段时间的博弈与动荡之后，传统媒体对于新技术总能吸收利用，转换形态、性能，实现自我提升，最终与新技术形成共生共荣的局面。

从行业背景来看，近年来伴随着信息技术的裂变式发展，互联网尤其是移动互联网成为出版业的主流传播媒介，出版业数字化转型力度不断加大，融合发展程度不断加深。自2003年以来，中央大力推动文化体制改革、促进文化产业加快发展，我国出版行业数字化转型升级的进程不断加速，数字出版开始繁荣发展。

数字出版产业营收不断创新高，增速远高于新闻出版业营收规模整体增速。与此同时，传统媒体与新兴媒体正在从过去的产品融合、渠道融合逐渐演变为平台融合、生态融合，迈向合二为一的一体化发展新阶段。当前，出版业为适应产业发展现状，出现了原有产业边界逐渐模糊甚至消失、新产业形态出现的融合现象，与电信业、传媒业、IT行业等产业间的边界不断收缩，业务交叉越来越普遍，已进入通过高新技术融合、产业间延伸融合与产业内部的重组融合等深度融合发展方式产生新产业或新增长点，催生新产品、新服务，提高生产率和竞争力，与互联网尤其是移动互联网深度相融共赢的新阶段。

从技术层面来看，随着科学技术的不断发展，互联网技术发展迅速。互联网对时代的发展有极大的促进作用，在信息的传递上贡献了巨大的力量，跨界融合连接一切的典型信息传递方式体现了互联网的强大和便捷特征。移动互联网、大数据、云计算、物联网、区块链、人工智能等信息技术在出版业得到越来越广泛的应用。互动式电子书、专业数据库、在线教育平台、知识库、有声读物、AR/VR技术互动读物已成为常态数字产品，面对微信、今日头条、喜马拉雅等渠道的知识服务创新层出不穷，基于B2B、B2C、B2G、UGC、B2B2C等业务模式的数字出版服务纷纷推出，业务系统升级、经营模式创新、大数据和云计算技术应用的新情况屡见不鲜。国内主要数字出版平台运营商开始不断运用云存储、云出版技术，利用云计算促进出版业的数字化转型，使资源通过信息技术实现虚拟化，形成资源池，达到不限时间和空间按需分配的效果。人工智能技术在出版领域加快应用，AR/VR技术被应用在儿童、科普、艺术等图书中，极大地丰富了内容呈现方式，赋予了出版产品新的内涵，催生了智能音箱、中译语通等智能产品。

随着产业转型升级的深入，出版业对高新技术的依赖程度越来越高，科技对出版行业转型融合、发展起到越来越大的支撑作用。从某种程度上讲，出版企业的科技应用水平反映着其转型升级、融合发展的实力。

二、期刊的发展现状

（一）期刊发展基础良好，但整体实力较弱

近年来我国期刊业发展快速，整体质量不断上升、品种不断丰富、品牌逐渐形成、数量增长平稳。国家对期刊也较为重视，国内还会定期举行期刊博览会。博览会上展示着来自全国各地的各种各样的期刊，期刊从业人员也通过博览会加强交流，为以后的发展寻求新思路。虽然期刊种类日益丰富，但是种类与品质发展不平衡问题严重，质量较高的期刊还是少数。

（二）缺乏有效的市场机制和目标定位

正如人们在物质经济层面获得了满足后才会寻求精神层面的进步一样，期刊发展状况与国家的市场经济发展状况密切相关。我国的市场还不够成熟，与其相联系，期刊市场秩序还比较混乱，仍存在着较多问题，导致期刊市场不能有效地发挥市场机制的作用。此外，虽然我国期刊种类较多，但是质量好的期刊并不多。很多期刊是由较小的公司编辑而成的，在内容、专业性方面把握较差，导致期刊质量不高。期刊的主要赢利渠道是广告收益，但是由于受到互联网、新媒体以及电视广告的冲击，杂志广告收入呈一定幅度的下滑趋势，这为期刊的发展带来了巨大的挑战。

虽然国内期刊种类繁多，但是仍有很多期刊缺乏明确的编辑方针和办刊理念，未清楚认识自身的优缺点，更不清楚自己的读者群，只是一味地盲目办刊。这种期刊的质量不言而喻。

（三）缺乏对读者的研究

受读者喜爱的期刊一定是对读者群有深刻了解的期刊。而有些期刊对自己的读者数量、读者结构、读者需求一问三不知，更不用说运用现代传播学知识进行科学分析了。

三、期刊编辑面临的挑战

（一）传统工作方式面临挑战

传统期刊的出版模式是纸质出版，期刊编辑的工作基于纸质稿而展开。作

者投稿、编辑约稿和组稿、专家审稿主要通过信件、电话进行，即使利用电子邮件，也存在效率低、周期长、投稿渠道少等缺点。随着科技的发展，出现了多种传播模式，沟通方式、信息和知识的传递方式不再限于传统通信方式，期刊编辑必须面对新的工作方式和出版模式，如网络出版、移动终端发行、数字媒体等多种形态媒体的融合。涉及的技术包括在线收稿、处理稿件；熟练运用微信、QQ等即时通信工具与作者、专家在线交流；借助网络媒体发布征稿信息，利用图像、音频、视频等多种形式的数字资源实现信息和知识的综合编辑和立体呈现。然而，这些新技术使一些期刊编辑无所适从，他们因为不能掌握或者不能熟练运用新技术，从而成为"功能性文盲"。

（二）传统出版方式面临挑战

传统期刊出版由于通信方式和出版模式的限制，作者修改速度慢、专家审稿时间长，稿件审、校通过后才能排版、印刷，期刊出版周期长。出版方式也只有纸稿装订成册，形式单一，无论是否需要，读者都要购买整本期刊。随着社会的发展，期刊内容以多种方式与读者见面，比如微博、微信公众号。一篇好文章，经过网上投稿、审改、修改、编校、出版，可以在短短几小时内传播给"地球村"中每个需要的人，体现出惊人的即时性和高效性。

（三）期刊编辑影响力面临挑战

期刊在传统知识获取方面扮演着重要角色，作为知识传播者的编辑在相应领域和固定的读者群中具有较大的影响力。但新技术的快速发展对读者的阅读方式和阅读习惯产生了颠覆性的影响，知识的获取途径不再只是纸媒。不仅如此，每个人都可以发布新知识、新信息，成为自己文章的编辑。传播途径的多样化导致期刊编辑的影响力在一定程度上被削弱，期刊编辑的权威性受到质疑，甚至使期刊编辑产生自我怀疑，影响编辑的职业发展。

（四）期刊编辑自身能力面临挑战

近年来，期刊在信息市场的占有率呈现出急剧下降的趋势。为扭转这一劣势，期刊编辑不但需要有较强的文字编辑能力，更需培养和提高创新能力。如在网络出版中，期刊编辑需熟练掌握编辑文字、网页排版、处理图片、插入链接、制作动画、导入音频及视频等多媒体技术。

四、期刊编辑出版工作面临的困境

(一)编辑出版内容不能有效满足受众多样化的需求

过去的传统媒体主要依靠纸质读物向大众提供内容,人们通过阅读文字内容获取知识以及消遣,极大地满足了人们的精神需求,书籍、杂志等传统媒体是大众主要的阅读工具。当前经济不断发展,社会科学技术快速进步,人们的生活水平不断提高,各种新型科技设备出现在大众视野中。手机、平板电脑等移动终端设备不仅可以提供期刊阅读内容,还能够提供有声读物、视频内容,极大地丰富了人们的日常生活,对传统期刊出版编辑工作产生了较大的影响。

通过了解现阶段我国期刊编辑出版工作状况,可以发现期刊内容存在很多问题,很多内容无法充分满足受众的需求。当前"快餐文化"盛行,这些品类的期刊质量存在严重问题,久而久之,对读者的影响非常大。读者阅读不到高质量的期刊,就会减少阅读,进而对期刊的销量造成严重影响。没有高质量的内容作为支撑,期刊编辑出版工作就会陷入恶性循环,最终对出版行业造成严重打击。

(二)传统出版模式陈旧落后

时代快速发展,传统的期刊出版模式已经不能很好地适应当前时代发展需要,已经与时代脱节。互联网信息技术持续更新,但传统期刊在生产制作环节、宣传环节都不够先进,存在一定的滞后性,陈旧落后的模式也限制了期刊行业的发展。同时,互联网时代出版行业必须革新管理方式和运营策略,只有创新才能更好地生存,才能够在激烈的市场竞争中拥有一席之地。

出版企业要加快转型、创新出版模式,特别是主营业务为期刊出版发行的企业要下定决心变革,积极掌握现代化、数字化技术手段,才能确保未来发展能够拥有很好的基础。

(三)编辑出版人员的能力需强化

出版行业最重要的就是出版质量,期刊质量受出版工作人员专业能力的影响较大。传统期刊编辑出版人员工作量大,且任务比较烦琐,其主要的工作任务就是调研出版市场环境、对具体信息进行采集与整合,并进行新出版的期刊的宣传和推广等。从中能够看出,整个出版流程都有编辑工作人员参与。因此,编辑出版人员的工作效率和工作质量起到非常关键的作用。

当前，很多企业认为只要利用好数字技术就能够解决很多问题，但只是转化纸质内容，对数字出版关注度不高。当前期刊编辑出版人员的能力需要强化，需要掌握新媒体操作手段，充分利用网络设备以及技术提升自身专业水平。

（四）制度执行不到位

制度的执行比建立更具有实际意义。有的期刊出版单位将"三审三校"制度束之高阁，不按制度编辑出版。有的期刊出版单位以历史问题、成本控制等为由，人为减少审校环节，或者一人既担任初审又担任复审，甚至存在初审、复审、终审"一肩挑"等现象。有的期刊出版单位三审人员不固定，初审、复审、终审人员交叉现象严重。有的期刊出版单位或缺少审稿意见，或审稿意见较为笼统，存在主编"挂名""缺位"现象。

第二节 现代期刊编辑出版工作创新的必要性

一、提升期刊编辑出版工作质量的需要

新媒体时代，实现传统媒体与新媒体的融合发展是期刊编辑要努力的方向。如果期刊的运营还按照传统模式进行，则会逐渐被时代淘汰。期刊编辑需要对自身工作进行优化创新，转变传统的工作模式，并与新媒体技术结合。应借助网络平台，面向全社会征集稿件，以获取优质的文章。在运营期刊的过程中要充分运用新媒体技术，有效提升期刊编辑的策划能力，同时编辑可以通过公共平台了解读者感兴趣的话题与内容，读者也可以积极反馈自己的需求，这对提升刊物出版质量具有十分重要的意义。

此外，现代信息技术在刊物的校对、排版等方面也发挥着突出作用。通过运用相关技术，可以有效检测出文章中的错别字及格式问题，有效提升刊物整体质量。

二、满足期刊读者阅读需求的需要

在信息化社会，信息大量充斥在人们的生产生活中，但是这么多的信息并不是每个人都可以直接利用的，人们需要的是自己有需求且有序的信息。不同的期刊包含多种不同的信息，供人们高效寻找并利用。因此，读者需求实际上是这个时代人们的一种社会需求。

第二章　现代期刊编辑出版工作现状与创新

　　除此以外，人们不仅需要利用信息，还需要获取知识。这实际上是人们的一种精神需求，渴望充实自己的精神世界。期刊中包含很多知识，故期刊还能够满足人们阅读的需求。因此，读者需求同时也是人们的一种心理需求的表现。

　　期刊的发行往往需要经过一系列复杂的流程，同时期刊的发行周期通常较长，这在一定程度上影响了读者对期刊的关注度。

　　此外，传统期刊的内容相对陈旧，已不能满足当代读者的需求。期刊编辑需及时创新自身的工作方式，创新期刊的内容与形式，在提高期刊出版效率的同时适应当代读者的需求。

第三章　现代期刊的选题策划

选题是期刊编辑工作流程的逻辑起点，也是提高刊物质量的关键环节。现代期刊在提高刊物质量过程中，首先要正确认识选题所具备的重大意义，加强对优化选题的理论研究和实践探索，从而使选题更加贴近理论发展向度，贴近读者群体实际，贴近社会发展的实践要求，最大限度地满足广大读者不断增长的文化和精神需求。本章分为选题意识、选题方法、选题优化三部分，主要包括选题策划相关概念释义、现代期刊的选题意识、选题优化概述等内容。

第一节　选题意识

一、选题策划相关概念释义

（一）"策划"词源与演进

"策划"最早出现于《后汉书·隗嚣公孙述列传》中："是以功名终申，策画复得。"作为古汉语的"画"与现代汉语中的"划"字义相通，原文中的"策画"即是指"策划"。《辞源》中对"策画"一词的解释为"筹谋，计划"，其中"策"的解释为"连编诸简谓之策"，可译为"把竹简串编在一起即为策"。这实际上说的是我国古代图书简策形态发展时期的一种编辑行为，在还未出现造纸术的当时，竹简便担任文字最为原始的一种承载材料，这里的"策"即指现代意义上的图书。

由商务印书馆出版的《现代汉语词典》（第7版）中对"策"字的解释为"计谋；办法"，将"划"解释为"计划"。显然，策划始终离不开人，策划者是整个策划行为的主导。有学者认为，策划与计划、策略存在密切联系但并不完全等同，理清三者的关系有助于更好地认识策划的内涵与本质。

策略即计策、谋略，是为达成目标所采取的行动。它是策划的思维本质和动机所在，给予策划行为具体的行动方针和指导性手段，是策划之"灵魂"。计划则是策略的最终外显和存在形式，或以文书或以语言，需用某种符号将策划思维记录下来。而策划则是两者的有机结合，它负责的是在开展工作或行动之前拟定具体实施步骤，以保证策划的落实。综上，有学者将策划定义为：有关个体或机构为达成或实现某个目标，根据特定的对象预先性地进行调研，最终呈现出一套自成系统、逻辑自洽、科学有序且具备实操性与可调节空间的设计方案，是具有创造性的智力活动。

关于策划所反映出来的思想智慧自古有之，如中国现存最早的兵书《孙子兵法》中就说："夫未战而庙算胜者，得算多也；未战而庙算不胜者，得算少也。"这里提到的"庙算"相当于如今的"策划"之意。第二次世界大战后，人类社会进入相对平和与稳定的发展阶段，世界各地的经济建设、社会建设成为人类发展的主题，策划行为开始广泛地被西方国家的一些企业所重视。在现代文化语境中，"策划"一词最先被放入企业管理学的讨论中。《哈佛管理全集》中对策划有这样的解释："策划是一种程序，在本质上是一种运用脑力的理性行为。"

策划是人类主观能动地融合了智力、思维和灵感的集中输出，表现形式通常存在于书面上或者口语上，用单线或多线的思维走向进行信息的有序组合排布，最终组合而成一个策划方案，用于帮助实现、达成个人或集体的目标，起到导航、指引的作用；且具有完全的开放性，可随着现实条件、各种因素的变化而调整。它广泛地适用于各个行业。

自20世纪90年代互联网大门的开启，策划行为便更加深入人心。如今，策划活动的触角和应用几乎遍布社会各个行业，商业策划、活动策划、展览策划等不一而足。想要实现和推进任何一个新项目的落地，策划工作就成为一种必然的需求和组织手段。

（二）从"选题"到"选题策划"

选题，从词语构成上看，属于常见的动宾词组，即"选择一个题目"。"选"是一种动作和行为，有挑选、选择之意，这种选择可表现出单次或多次连续行为；"题"指题目或论题。《出版词典》中对"选题"的解释为："选题是一本书或一套书的主题思想、主要内容和书名的总体设计。"

处于出版语境中的选题的内涵，可追溯至20世纪我国现代编辑出版事业发展的早期。受计划经济体制的影响，业内人士习惯性地把"选题"指代为出版社预出版发行的图书或其他出版物。

20世纪90年代末期，随着经济体制改革的推行，市场经济体制在我国社会经济活动中逐渐占据主导地位，进而影响了出版行业相关概念的含义扩充与深化。这时的选题不再停留在静态、固化的描述上，内涵开始变得丰富多元起来。"出版活动具有文化性和经济性双重特征，这既是一种矛盾，又是推动出版活动向前发展的内在动力"，要想把选题的概念界定清楚，必须将文化属性和商品属性贯穿其中。基于此原则，苗遂奇在《现代出版选题学引论》中谈及出版选题的概念问题，将其内涵总结为三个层面：其一，"指一本书或一套图书的题目和构想"，这是选题首要层面的含义。其二，"选题是按照一定出版观念和编辑方针对出版社所有选题做的总体安排和部署"，这是站在出版社的高度，对选题计划整体做出的概括。其三，选题亦指"编辑个人为完成某出版任务而进行的有意识、有目的的编辑策划活动"，这便是以编辑主体为出发点对选题的界定。

从所指到能指，选题除本身的内涵之外还包括了选题策划的精神。新闻出版署在《出版专业实务》中对编辑出版所涉及的各项工作环节有着相应规定，单对选题有这样的描述："在出版领域，选题是指经多方面分析、考量而选中主题后拟实施的出版项目。"这一观点也恰好印证了现代出版学语境下对于选题含义的共同认知。

2009年前后，国内出版业吹响体制改革的号角，这也意味着各家出版机构面临着自负盈亏的现实。出版社为了获取更大的社会以及经济效益，开始根据读者需求和市场动向，主动地组织、策划符合市场规律的选题。在这样的社会背景下，编辑工作中开始强化选题策划意识，由"选择"向"创新"转变，"选题策划"的理念逐渐孕育而生。有学者特别强调"现代出版产业"这一概念，目的是将其与过去计划经济时期的出版意识形态区别开来，指出在现代市场经济的背景下，出版工作呈现出"整体策划意识的增强、市场意图的明确和选择导向成分的增大"的新特征。

对比"选题"，从"选题策划"的短语构成可以看出其以"选题"为主语，"策划"则变为动词，具有明显的行为指向性。横向来看，选题受时代背景转变、市场竞争环境以及出版机构转型等因素的影响孕育出选题策划；纵向来看，选题策划是选题升级发展的产物，它们之间存在着一脉相承式的联系，但又有所区别。有学者指出，在学界往往容易混淆选题与选题策划的概念，并对此做出区分。基于此，有学者认为"'选题策划'一词更能反映选题工作的创造性，体现编辑出版人的主体性和能动性,更能显示当今选题工作应以市场为基本取向的特点"。在出版工作中,着重强调策划居于主体地位。基于此,也有学者在此观点基础上提出两者的逻辑派生关系:"选题是选题策划的结果,选题策划是选题的基础。"不难看出此观点是基于两者的因果关系而得出的判断,将选题理解为选题策划工作的成果,更强调选题策划与选题之间的"母子关系"。

有学者以为,无论是基于出版业的发展脉络还是出于逻辑关系的考虑,关于如何正确地看待选题与选题策划的关系,不用过多地纠结其先后之分,但要明确两者本质属性上的不同。

(三) 选题策划的内涵与外延

1. 选题策划的内涵

对于选题策划概念的界定,目前在编辑学和出版界尚未达成统一。有学者认为:"选题策划是出版市场化的产物,它强调遵循市场规律,是以市场和读者、消费者为中心的出版业务活动。"有学者则指出:"图书选题策划是指出版社编辑人员及其他图书出版从业者,以强烈的创新意识、敏锐的市场洞察力和饱满的工作热情,积极主动地筹划、组织图书稿件的一种行为。"还有学者认为,在社会主义计划经济大环境下,选题策划即简单的组稿、审稿、加工的编辑过程。而在社会主义市场经济大环境下,选题策划不再是单纯的选题、编辑的过程,而是通过一系列的策划活动提高自身内容质量及提高自身创新能力、竞争力的必要环节。可以说,选题策划是社会主义市场经济的产物,是为了提高现有信息资源利用率,更好地提高期刊的品牌影响力,进而提高自身竞争力以获得更大化利益的一系列系统性行为。因此,根据市场、受众需要,策划具有吸引力的选题,进而运用现有的资源进行有效整合,是选题策划中最重要的部分。

上述论点的一致性在于,承认选题策划在整个出版环节的重要地位,充分认识到了选题策划在根本上决定和深刻影响着出版物的质量,以及决定着出版物发行所产出的社会与经济效益。另外,都将选题策划行为放入出版流程中来研究,认为选题策划与其他编辑出版环节有着紧密联系,但同时又具备独立性。

(1) 选题策划狭义说

选题策划的行为主体是编辑,客体指主体对某一具体选题,即对预出版项目的名称和其他必备内容的设计构想。编辑对选题的策划一般来说会从以下几个构成要素着手。

①题名。题名即选题名称,它既可以是一本书的书名,还可以是一套书的书

名，也可作为期刊、图书的名称。在出版流程中，题名可以用来指代已出版发行的出版物，还可以用做出版之前暂定的名称。题名是了解选题内容的窗口，尤其是图书，一本书的书名能直接反映该书的内容主题、风格特色，它是对所有内在信息的综合提炼、概括，并透露着编者的策划意图。

②作者。编辑所面对的编辑客体是作者创作的稿件，是在已有作品基础上进行的二度编创。虽说策划是从无到有的过程，但单凭编辑一人之力不可造"无米之炊"，作者是选题诸多要素中的关键。编辑在策划选题之时，有在策划之初就确定好作者的，也存在有多个作者备选、尚待商榷的情况。作者人选的学科背景、写作能力、已发表作品以及个人的商业价值和影响力等因素，都会直接影响到选题质量。总之，作者一定得是书稿撰写的最佳人选。

③内容。内容是出版物的"血肉"，是作者的劳动产出。一般情况下，编辑对文稿内容的策划需要重点关注两个方面。

第一，对内容特色的关注，即写作风格或辨识度。如今市面上存在的出版物品种繁多，几乎涵盖各个门类和专业。选题策划阶段想要突出重围，就必须明确选题特色，以此形成产品的独特性。

第二，关注稿件内容的架构组织。在选题阶段，编辑一般会与作者商议确定具体的写作要求，也可以理解成编辑为作者写作提前设计好框架和脚本。在选题特色的指导下，编辑可从体裁、体例、章节等角度出发规定稿件的内容、格式，让作者在限定好的范围内写作。若作者现有稿件内容符合选题特色且自成体系，那么编辑在此基础上根据策划预期不断优化即可。

④读者。读者是一群具有阅读需求和购买能力的用户，是选题可辐射、满足其需求的人群，某种程度上也是选题的市场所在。因此，选题策划一定要明确具体的读者群体。编辑可以采用读者调研等方法收集读者信息，精确到具体用户的性别、年龄层、职业情况等，以此生成用户画像。编辑要牢牢把握目标读者和潜在读者的阅读需求，将读者的阅读需求转换为购买力，以此获得选题应有的市场效益。

除以上几点外，还有市场调研、宣传营销等也是策划选题所要考虑的要素。根据每个出版项目的不同，各要素在策划中的占比也会有所不同。

（2）选题策划主体说

马克思唯物主义本体论认为，人具备主观能动性，可以灵活地运用大脑智慧，能动地认知和改造客观世界。选题策划是基于编辑主体展开的一系列活动，根据出版社中编辑职称级别的高低，结合其职能侧重点的不同，可以将选题策划划分出三个层次，具体分析如下。

①编辑——提出策划选题。据国家新闻出版署的有关规定，将编辑的专业技术职务级别分初级、中级、高级三种。考取中级资格证书的编辑才具备独立策划选题的资格，在工作职责上需要"搜集研究本学科的学术动态和编辑出版信息，提出选题设想，进行组稿"。在国内，各家出版社针对编辑个人实行"责任编辑制"的管理办法，在选题策划的过程中"责任编辑是选题的设计者和申报者"，从选题策划之初，责任编辑需全权负责，保证各个环节顺利执行。在这个层级上，编辑所要进行的选题策划工作即上文所指狭义层面的选题策划，处于选题策划的微观层面。

②正副编审——制订选题计划。具有高级职称且能负责三级审读的人员往往会担任部门主任及以上职位，负责部门内多个选题策划案的整合统筹，从而形成各编辑部门的选题计划。选题计划与选题策划相互包含，后者是前者的构成部分，前者是后者的整体呈现。《出版专业基础》一书中指明了正副编审制订选题计划的工作："制定选题规划，指导有关编辑人员组织实施。"

出版社的品牌特色、价值追求、编辑方针等都是考量每个具体选题策划方案的标准，通过论证、优化、管理使这些选题聚合成"龙头"，形成有序的选题结构和规模。这是中观层面选题策划的要义所在。

③社长、总编辑——确定选题战略。社长、总编辑作为一家出版机构的经营管理者，需要"制订选题计划和组稿计划，组织社会力量或有关编辑人员实施"。这是高层选题策划人的工作重心。该层级的选题策划活动必须展现企业宏观战略，要将未来五年或十年作为策划时间节点，还要考虑企业所在地的地域因素以及政策因素，体现出针对图书、期刊市场的战略性规划及对社内人员的调配统筹状况等。

根据策划主体的不同，上述三个层级的选题策划活动分别有不同的落脚点和目标指向，不同层级之间相互联系和影响。只有宏观的选题战略制定精准，中观的选题计划排布周密，具体的选题策划执行到位，出版社才能高效稳定地运转。

2. 选题策划的外延

从本质上来说，策划是将萌发于人头脑中的创意、想法进行从观念形态到物质形态的转换。任何一种形式的媒介从开始生产、编辑再到传播，必然会涵盖众多的环节、经由不同的阶段。它需要经过大量的信息搜集、选题策划、组稿审阅、编辑加工、装帧设计、发稿校对、印制和发行等各个环节，还有严格的"三审三校"制度和"重大选题报备"等政策规定严格把关，选题策划则处于出版流程的前端。

随着出版领域中市场策划意识的不断增强，有学者从编辑出版流程的角度提出：选题策划将不再仅仅是对选题本身和文稿内容的前期调研和规划设计，同时也会渗透到稿件与作者的选择、稿件内容编辑加工、出版物形态设计与生产、发行宣传与销售等各环节中去，逐渐地向整体策划或全程策划的方向发展。

责任编辑是最了解整体项目的人，其编辑意识会渗透到出版的各个环节，由此生成选题策划的外延之义。因此，在阐释"选题策划"一词含义时既要强调其在出版流程中的关联性，将选题策划活动与编校加工、美术设计、印制加工、营销发行等活动结合、联系起来对待，同时也要注意选题策划在出版流程中的独立性，有必要将其与营销策划、发行策划等其他贯穿于出版行为中的策划活动区别看待。需要明确的是，这种立场并不是割裂的对立状态，而是一种相对的独立状态。

（四）选题策划的方式

这里主要依照出版社的不同经营性质和领域，对出版社的选题策划方式进行总结。因为分为事业和企业性质，除人民社、民族社、盲文社等极少数为公益类出版社外，其他绝大多数是企业性质，面向市场成为独立经营的主体。

1. 依据出版经营性质

我国现有出版机构500余所，由于其出版类别许可的不同，出版机构的选题策划方式各有不同。公益性出版单位更注重其选题策划的社会效益，经营性出版社更注重出版社的经济效益。在经营性出版社中，国有出版社和民营出版机构又存在差异。由于出版类别许可的差异，不同的出版社也偏向不同的选题策划方式。

（1）经营性出版社

第一，国有经营性出版社。国有出版社是由国家完全控股的出版机构，它们以国家实力为后盾，拥有很高的社会声誉，较少考虑企业经营问题。早年我国的出版社属于事业单位，1988年，中宣部、原新闻出版署发布《关于当前出版社改革的若干意见》，鼓励出版社由生产型向经营型转变，出版社进行转企改制。目前绝大部分出版社是公司制，小部分出版社由于出版领域的特殊性仍是事业单位，例如，人民出版社、盲文出版社、民族出版社等公益性出版社。

目前，对选题策划方式进行创新的出版机构主要是各大国有出版社。例如，浙江出版集团于2017年开发选题策划和新书提印辅助系统，建立书目、市场等信息资源库，通过资源积累、建设完善打造全方位、一体化大数据资源平台，为大数据分析、辅助决策提供数据支持。中国少年儿童新闻出版总社建立图书选题

第三章 现代期刊的选题策划

策划系统，为内部编辑策划人员提供完整的出版物市场信息，包括现存的少儿图书书目、选题分布、选题趋势分析、少儿图书销售排行榜、选题评价、专业机构分析以及读者反馈等。

第二，民营出版机构。民营出版机构是股份制公司，企业的生产经营以营利为目的，经营方针以市场为导向。民营出版机构由于不可申领书号、没有出版权，只能通过与国有出版社合作开展出版业务。民营出版机构除从事出版业务以外，在印刷、发行环节已经成为我国新闻出版行业的重要组成部分。

民营机构的经营性导向决定了其对选题策划工作的高度重视。在选题立项后，民营出版机构会进行大量的市场调研，为选题验证提供数据支撑。一些出版公司、工作室经常在一线市场进行考察调研，尤其是在教辅领域，大部分策划编辑与教师保持密切联系。民营出版机构选题竞争激烈，例如，万榕书业采取无记名投票，海豚出版社采取末位淘汰法。民营出版机构对热点抓取十分敏感，并且出版速度快，往往热点正在持续高涨时，就能将图书出版出来进入市场，迎合市场需求。

由于建立选题辅助系统等依托大数据的策划系统耗时耗力，民营出版机构大多选择与信息科技公司合作。民营出版机构在选题策划上大多以策划编辑或图书策划人的经验为主导，数据和技术往往是选题策划中影响较小的因素。选题的通过依靠丰富的策划经验目前仍然是图书及期刊策划中更为主流的方法。

（2）公益性出版社

公益性出版社是与经营性出版社相对的，不以营利为目的，传播效果以社会效益为主。在出版社的转企改制中，大部分出版社转为自负盈亏的法人公司，少部分出版社保留事业单位性质，资金以财政拨款为主，组织以人事任命为主。对于公益性出版单位，国家明确规定人民出版社、民族出版社、中国盲文出版社和中国藏学出版社四家单位为中央级公益出版单位，各省（自治区）、市的人民出版社应转为公益性出版社，但对地方级出版社并未做明文规定。

公益性出版社专门负责出版党、国家、社会需要的图书和哲学、社会科学类图书，并由国家给予补贴。这一规定有利于党和政府路线、方针、政策的贯彻执行，有利于促进党的中心工作，有利于物质文明、政治文明、精神文明建设，有利于哲学、社会科学的发展。

公益出版社的选题策划依据主要来源于上级部门的方针政策和出版社的属性。人民出版社侧重政治读物、思想读物，中国藏学出版社则侧重于西藏学术书籍与大众书籍，民族出版社侧重于政府采购图书，中国盲文出版社侧重于盲文读物。

2. 按照出版领域

（1）综合出版社

综合出版社是出版领域涵括大众、童书、教材、科普等多种类型图书的大型出版社，如人民出版社、商务印书馆、中信出版社等均属于综合出版社。综合性出版社级别较高、体量人，非常具有影响力。同时综合出版社通常是国家级或者一级出版社，对于坚守国家意识形态主阵地、承担对内对外宣传任务发挥着重要的作用。综合出版社拥有优秀的出版人才队伍和较多的国家资金支持。

在选题策划上，一方面，综合出版社根据本社的品牌定位和年度发展计划进行选题策划；另一方面，与民营策划公司合作，进行选题策划。一些出版社允许退休的编辑运行工作室，并将工作室收为外编，为出版社提供优秀的选题和产品。编辑通过分析数据，利用互联网进行热点搜索并上报选题，也是常见的选题策划方式。

由于综合出版社等级较高，容易得到国家资金的支持，在选题策划上，综合出版社多有尝试。例如，浙江出版集团数字传媒有限公司开发了选题策划和新书提印辅助系统，电子工业出版社开发用户行为数据分析系统建设项目，等等。除此之外，盈利较好的出版社会建立 ERP 系统，将 ERP 系统内数据应用到选题策划上。一些小型的综合出版社更多会选择购买专业数据公司的数据，如北京开卷、神策数据。

（2）专业出版社

专业出版社主要是承担社会中某一行业出版任务的出版社，为从事相关行业工作、研究和教学的机构和人士提供服务。

在我国，专业出版社主要是指中央各部委下属的出版社以及地方专业出版社。这些出版社都有相应的行业主管部门，其设立的目的是为所在行业的科教文化发展服务，构成了具有中国特色的专业出版主体。

专业出版社拥有着大量的行业内优质资源，这些资源是一般企业需要花费很多的精力才能够获取部分或者是获取不到的资源。在拥有众多优质资源的时候，出版社已经成为一个平台。作为平台，它的产业链上下游清晰可见。

第一，行业专业出版社。专业出版社在选题策划上主要有以下几种途径。

编辑通过粗颗粒的互联网数据筛选提出选题并通过验证进行出版。例如，有的医学期刊编辑通过在知网上筛选热点，进行栏目策划，增加了期刊的阅读量和销量。

编辑通过社内的数据系统获取数据、进行分析后上报选题。例如，中国人民公安出版社编辑分析社内 ERP 系统，成功策划图书《致命错误：公安民警因公伤亡战术失误案例评析》和《侦查错案中的认知心理研究》，受到专业读者的欢迎和认可。

引进外国优秀出版物版权，策划出版中文版专业读物。例如，人民邮电出版社引进了基思（Jeremy Keith）与桑布尔斯（Jeffrey Sambells）合著的《Java Script DOM 编程艺术》，出版之后广受推荐和好评。

通过与业界专家、学者约稿，进行策划出版。例如，电子工业出版社与复旦大学知识工厂实验室的肖仰华教授合作，策划出版了人工智能专业图书《知识图谱：概念与技术》。

编著教材。例如，人民卫生出版社策划出版了一系列医学教学用书如《生药学》等，中国农业大学出版社出版了《兽医病理学》。

第二，教育出版社、大学出版社。教育出版社、大学出版社是重要的出版社类型，依托高等院校的师资力量，不仅要实现教育的社会效益，同时在获得经济效益上也逐渐凸显出优势。教育出版社和大学出版社主要针对学校教材和教辅领域，同时引进国外优质教育资源也是教育出版社的业务之一。其选题来源主要有以下几方面。

与政府机构合作，根据机构要求组织专家、学者编撰教材。例如，我国中小学教材就主要是由人民教育出版社负责编著。此外，"十一五""十二五"高等教育教材通常也由这些出版社联合高校教师编著。

与策划公司合作出版教辅材料。例如，由北京曲一线图书策划公司策划、教育科学出版社出版的"五考三模"系列，上海交通大学出版社与星火英语合作策划出版的系列英语教辅图书等。

引进国外优质教育资源，出版国外的优秀教育出版物。例如，上海外语教育出版社引进译制了施普林格出版社的《语言与教育百科全书》译丛。

编辑根据出版社定位策划选题。例如，上海外语教育出版社根据出版社外语教育的定位，联合国内外专家、学者出版了一系列优秀丛书。

（五）选题策划的影响因素

人类的任何活动都处在一定的社会环境中且深受其影响。同样，编辑活动作为一种典型的文化活动，固然离不开对外部社会环境和内部组织环境的依赖，并受其影响与制约。这里将编辑活动所面临的客观环境理解为一种特殊的"编辑环境"，分别从宏观和微观的角度对选题策划的影响因素展开分析。

1. 外部社会环境因素

选题策划在宏观层面上首先会受到外部社会环境因素的影响，主要体现在政治、经济和文化因素上。

（1）社会政治因素

"政治对于编辑工作而言具有决定和导向作用。"出版事业是国家意识形态的重要输出窗口，无论是宣扬正确意识、树立大国形象，还是提升国民科学文化素养、形成良好的社会风气等，都具有重大意义。马克思曾一针见血地指出："统治阶级的思想不仅支配着物质生产资料，同时也支配着精神生产资料。"国家的政治制度、政治思想、政治观念对编辑活动的影响先从编辑人员入手，进而通过出版物渗透并表现出来。政治因素对选题策划的约束性最为显著，这可以从与选题相关的政策法规中看出。

国家新闻出版署作为我国出版机构的管理部门，就选题策划事宜实施"重大选题备案制度"，对禁止出版的选题和需要申报的选题做出了详细的法律规定。例如，选题内容一旦涉及党和国家重要文件、文献的，涉及民族、宗教问题以及港澳台内容的，都必须由出版社提交预先备案。

国家以严格的政策审核制度为选题策划设定了原则和底线。对编辑而言，选题策划的范围受到约束，主要原因在于期刊文章作为精神文化的载体，一经发行、流向市场，对人民群众会产生意识形态上的导向性。政治因素在选题策划之初强势介入，从源头起就避开或筛除掉出版物内容中可能会出现的导向性问题。因而"政治正确"是编辑把握选题方向和内容的一把尺子，包括在选题策划之后的组稿审稿、甄选作者等环节中，对政治因素的把关依旧要贯彻全程，以此来保证稿件的顺利编辑、印刷和发行。

当然，政治因素对选题策划并非只存在管制和约束力，一些时事政治方面的新闻信息，如国内外的政治格局、形势变化、新闻报道、重大节日庆典等有助于编辑充分了解政治局势与风向，在策划一些主题出版项目时往往能起到关键的参考和帮助作用。

（2）社会文化因素

文化是人的创造物，是社会经济、政治发展的产物。同时，文化反过来又为政治、经济服务。对于"文化"一词的释义，一直存在着多种解读。有中国学者认为："文化是能够被传承的国家或民族的历史、地理、风土人情、传统习俗、生活方式、文学艺术、行为规范、思维方式、价值观念等。"西方国家的学者对于文化的概念则存在不同角度的理解，认为"文化是人们在相互交往中获得知识、技能、体验、观念、信仰和情操的过程"。以上两种观点共同指出了文化与社会环境之间密不可分的关系。

从我国社会文化的历史发展脉络来看，编辑行为在产生之初就与社会文化有着密切关联。这种关联首先表现为，编辑活动是为适应社会文化的需求而存在的。如在春秋时代，我国社会发生巨变，宗法世袭制逐渐崩坏，本只属于精英阶层的文本资料开始向下层流传；再加上民间私塾以及个人编纂著书的潮流兴起，传统的"学在官府"转变成"学在民间"的新格局，百姓对文化知识的渴求也在极大程度上激发了书籍编辑、印制的活力。可以看出，编辑行为是随着文化环境的变动而自发调整以更好适应环境的。

社会文化与编辑活动之间的联系也体现为，编辑行业的发展活跃程度受社会时代背景下文化兴衰的影响。历史上每一次的社会文化兴盛蓬勃都推动着编辑出版业的进步。汉代诏求组织天下文人著书立说，调动了编辑行为的积极性，而后才有司马迁流芳百世的《史记》。

2. 内部环境因素

内部环境是距离编辑主体最近的工作环境，该环境可以理解为供编辑进行编辑出版活动的场所，如出版社、出版公司、文化机构等。在内部环境中，围绕选题策划而展开的相关组织方式和制度规定直接作用和影响着选题策划行为。

（1）选题策划三级论证制

制度是社会文化环境的产物，"编辑制度是编辑人员在编辑活动中共同遵守的、按一定程序办事的规程或行为准则"。选题策划机制则是出版社围绕着选题策划工作专门制定的编辑制度，目的是高效地组织与管理编辑的选题策划行为。

迄今为止，国内的出版社主要以"三级选题论证"为主导。其本质是对一个新选题经由编辑到编辑室再到出版社所对应的三个不同层次的连续递进把关过程。观察其工作程序走向，又可以将三级论证制分为自下而上和自上而下两种。

自下而上是指编辑个人提出新的选题方案，由所在编辑室主任负责进行内部组织的第一次论证。如果选题通过，编辑室主任会代表编辑室申报到社内进行社委会（一般由各个部门的主任组成）层面的再次论证。若选题通过，则最后由总编和社长等领导进行最后敲定。

自上而下也被称为选题交办，它是由社领导班子作为选题策划的先导，以年为单位，从宏观层面上决定选题计划和选题规划，再交付给各个编辑室，由编辑室主任根据部门人员情况进行具体的选题责任人分配与落实。选题的三级论证制度作为单个选题的申请报批程序,在层层把关的基础上形成对出版社选题工作的保障。在对选题讨论的过程中,可以使选题的价值优势更为凸显,同时也是对选题策划工作的进一步优化。

(2)策划编辑制

策划编辑制是一种选题策划机制,被广泛应用于欧美发达国家中的许多出版机构,在20世纪90年代被引入我国并开始试行至今。以策划为核心开展的专业工作所涉及的相应工作岗位被统称为策划编辑。与其他岗位相比,策划编辑的工作主体任务和职责重点有所差异:策划编辑承担着公司内出版信息数据采集,协助美编设计选题方案,联络并维护作者人脉资源,以项目管理方法组织各类稿件等事务。可以说,策划编辑带着策划的意识,持续跟进参与到期刊产品出版的各个环节中,需要对期刊发行的效能产出最大化负责。

策划编辑制的本质是期刊产品高度市场化的产物,充分体现着选题策划明确的市场指向性。策划编辑基于出版全程策划的需要而存在,围绕一个个选题进行项目的实施和统筹,工作范围涉及出版策划的各个方面,从前期的选题到中期的制作再到最后的宣传营销。

无论是传统常用的三级选题论证制度还是更为现代化的策划编辑制,围绕选题策划制定的相关机制的本质都是出版社针对选题实行的不同组织方式。在编辑所处的内部环境中,这些管理制度能够保证编辑选题策划工作的顺利进行和高效落实。

二、现代期刊的选题意识

结合上述内容,可以给选题意识做出如下界定:所谓选题意识,即编辑主体在认识和选择编辑对象活动中所表现出来的能动的自我意识,是对选题客观活动过程的主观反映,是支配编辑主体选择行为的能动因素。

选题意识不是主体思想观念的杂乱堆积,而是具有自己内在的逻辑结构。明晰的选题意识按照功能划分,至少包含以下几个层面。

(一)政治意识

政治意识是指编辑主体在选题活动中所具有的政治敏锐性在思想观念上的反映。它是编辑主体内在政治判定标准的观念化,是统摄其他层面选题意识的灵魂。政治意识的主要功能在于:判别并规定选题内容的基本政治取向,框定选题的政治范围和外在疆界,确立选题的政治标准和基本原则。

（二）学术意识

所谓学术意识，是指编辑主体在选题过程中所具有的对学术问题进行科学判断的自觉意识。其主要功能是：选择并鉴别选题的科学性及合理性，判定选题所蕴含的学术价值，确立选题的学术目标。

（三）现实意识

所谓现实意识，是指编辑主体在编辑工作实践中所形成的时代感和现实感集中体现于选题意向的形成过程中。其主要功能是：指导并支配编辑主体进行有现实意义的选题，强调选题的现实针对性及其意义，突出选题的时代特色。

第二节 选题方法

一、明确选题选取标准

（一）选题内容的高层次

要做到期刊选题内容的高层次，一般需要期刊的选题体现期刊的责任感、个性化，并且要体现期刊编辑部的选题意识。选题内容体现期刊的责任感是指期刊不是简单的他人观点的传递者，一份期刊要有自己的思想特色和观点；简单传递作者观点也许不会犯错误，但是永远也体现不出期刊自己的观点和立场。

期刊要对作者的观点和事实进行必要的核实，刊登在期刊上的文章就需要期刊对其负责，对作者观点即将产生的影响负责。做到选题内容的高层次离不开选题编辑的宏观把握和政策意识。

选题内容的个性化是指期刊选题策划的观念、角度要能够持续一定的时间，在一个竞争激烈、思想开放的年代，期刊的选题能够恰当体现自身的办刊特色。一般来讲，期刊可以通过外观设计、栏目版块设置等表现方式更加凸显自身的办刊特色，强化期刊的观点，在很大程度上提升了期刊的高度。

当下期刊市场在与可视媒体的竞争中处于下风，期刊成了媒体市场中渐渐被忽略的一方。表面上看期刊市场出现萎缩，但是仔细观察也不难发现，一大批新锐期刊产生了，一大批老期刊脱胎再生，一大批社办期刊活跃了。这些信息昭示了期刊市场所具备的潜力，那种表面上看起来的萎缩很可能是对期刊的严重低估。

期刊能否存活取决于读者的兴趣，怎样抓住和引导读者兴趣，其中起主要作用的是编辑部人员的选题意识和水平。这就需要编辑不仅仅是一个传递者，而且是一个思想者，要具备一定的洞察能力和统筹能力。

在选题过程中，要十分重视编辑部的建设，努力使每一个编辑都能够成为战略制定者、项目工程师。编辑在选题的各阶段都能够做出可行性强的周密方案，编辑部力求做到从每一个细节中唤醒编辑们的选题意识。

（二）选题方向的多方位

合格的期刊选题应该具有发展性，要站在一个研究问题的角度上进行，不能受到自身行业立场的局限。不同选题要有新意、有研究价值，对行业具有指导借鉴意义，这就需要做到选题方向的多方位。

选题方向的多方位需要编辑们对选题进行适度整合，做到选题的上下结合、内外结合、时空结合。

所谓上下结合，主要是指选题既要响应出版政策的号召，又要有读者喜闻乐见的因素。这需要编辑们在熟悉相关出版政策的同时深度理解政策内涵，并且贴近基层，站在读者的角度解析问题，做到既能使读者了解政策的内涵和外延，又通俗易懂。

选题的内外结合，是指选题不仅要适应本行业的情况，也要适应行业外的情况，既要适应国内情况，也要分析对比国外的情况，充分运用自身条件寻求有价值的选题。

选题的时空结合，是指选题在时间和空间上的结合，在做好每期选题的同时，适时做好一年的大型选题，将小型选题做精、大型选题做得有分量，还要注意刊登时间和空间的设计。

此外，选题方向的多方位还需要选题具有独特性、实用性、前瞻性、创新性等基本属性，这些属性是一个选题是否有价值的基本判断标准。独特性要求选题具有自身期刊的特点，能够体现出独一无二的特性。

（三）选题范围的综合化

期刊选题的范围一般来说并没有明确的规定，广义上讲是相应的行业期刊根据自身行业的现状提出具有自身特点的选题。这里提到的选题范围不局限于单纯一个行业，而是鼓励提出与自身行业相关的任何选题。

选题范围的综合化离不开选题渠道的多样性。除了司空见惯的选题方式，期刊编辑部还可以通过定期参加学术会议、采访高校学术进展等方式搜集信息。要想提出一个成功的选题策划，就要充分掌握各方面的信息，只有在全面把握信息的基础上才能进行综合的分析加工，挖掘出更新、更出彩的选题。

学术会议是学术信息密集发布的典型形式，参加学术会议能够收集到最新、最权威的学术信息。通过与专家、学者的沟通，更方便编辑进行思考，提出有学术价值和市场价值的选题。

网络技术和数字技术也为选题策划提供了方便。数字出版平台使编辑们不受时间和空间的限制，能够在第一时间掌握全方位的出版信息，快速发现研究热点。网络的信息分类也为编辑们提供了方便，通过热点搜索和向导分析时下最受关注的热点选题，发掘深度研究价值。选题范围的综合化能够发散编辑的思维，并在发展本行业的基础上发掘与其他行业的联系，对于新问题共同研究，变分力为合力，更好地为读者服务。

（四）选题结构的立体化

注重选题结构的立体化需要专题策划具备多角度、多方面、多样化特征。在规模上，做到大专题与专栏专题相结合，全局性策划与单期策划相结合；在层次上，做到指导性专题和探索性专题相结合，实用性策划和服务性策划相结合；在选题创新上，要善于利用期刊的前瞻性，把期刊出版时间和周期的劣势转化为优势，将期刊内容的容量和深度作为自己的竞争筹码。

出版业的竞争日趋激烈，怎样把握最新、最好的出版资源成为每一个出版参与者的目标。要做到选题的立体化，就需要在确定选题之后对选题进行不同层次、不同视角的开发，进行成系统、成套化的开发，最终达到立体开发选题的目的。

出版方面的选题虽然不少，但是市场上的相关期刊存在不少趋同的内容，这就造成重复出版，是对出版资源的浪费。面对这一现象，编辑们在确定选题之后不要盲目扩展内容，而是首先探讨选题是否具有立体开发的可操作性，在选题结构的立体化开发方面加大力度。做到立体化开发不单要从编辑的视角分析问题，也可以根据读者的需求划分层次。

期刊读者具有多样性，这种多样性是由读者的文化、职业、地域等的不同造成的。从这一角度出发，充分根据读者的多样性挖掘选题的层次，更能够体现选题策划结构的立体化。选题结构的立体化可以使选题更具系统性和针对性，提升期刊在出版市场中的竞争力。但这也对期刊编辑提出更高的要求，其应具备较强的市场理念和经营观念，培养自己的多向思维能力，对自己严格要求才是对期刊的最大负责。

二、坚持选题策划原则

（一）坚持方向性原则

期刊和网络、电视、报纸等媒介一样，都会对读者产生一定的精神导向作用。尽管很多期刊更注重专业特色，但正确的政治导向依然是立身之本。

作为编辑一定要有高度的责任感和阵地意识，对新锐的思想，既要兼容并包，倡导艺术争鸣，又要把握正确的导向，不能碰触政治高压线。在选题策划中要有一定的政治敏锐性，当稿件中的某些观点偏离正确的政治立场，或图文涉及政党、国家、高级领导人、外交、民族、宗教等问题时应审慎处理。有些作品涉及色情、淫秽内容或成分，编辑要清醒地分辨艺术与色情的界限，对于对读者有不良影响和导向的内容应坚决抵制；如果图片说明和文章内容中涉及祖国边界，包括界河、界山等问题，就更要小心谨慎、务求准确。

《中共中央、国务院关于加强出版工作的决定》中指出："我国的出版事业，与资本主义国家的出版事业根本不同，是党领导的社会主义事业的一个组成部分，必须坚持为人民服务、为社会主义服务的根本方针，宣传马克思列宁主义、毛泽东思想，传播一切有益于经济和社会发展的科学技术和文化知识，丰富人民的精神文化生活。"这是期刊编辑进行选题策划的根本原则。

在具体的选题策划中，必须与党中央保持高度一致，坚持正确的政治方向，不能制造不和谐的声音；必须坚持四项基本原则，坚持"为人民服务，为社会主义服务"的出版方针，遵守党和国家的方针政策，遵守国家的法律、法规；必须遵循新闻传播的规律，真实、准确、公开地揭示事物的全貌和本质，自觉遵守职业道德规范，自觉维护公众利益。既要注重社会效益，又要注重经济效益，并坚持社会效益第一的原则。结合自己所办刊物的性质、风格，尽可能策划出具有全局观念和专业特色的选题。

（二）坚持实用性原则

选题策划是否能够切实满足读者的要求，决定着刊物的命运兴衰。期刊的选题策划一定要重视实用性原则，在读者最关心的问题上下功夫。只有读者觉得有价值，期刊才得以生存。

选题策划的实用性体现为选题实在，适合读者的既定需求，切忌"虚假空玄，哗众取宠"。选题策划不能以编辑自己的好恶和接受能力为转移，而是要贴近群众，照顾大多数读者的接受能力和阅读需要。

另外，选题策划的实用性体现为稿件内容通俗具体、深入浅出，让人看得懂、学得到、用得上，可操作性强，让读者"跳一跳就能够得到"，而不是盲目追求辞藻华丽、高深莫测。满足这两点，这本期刊定会受欢迎。

许多成功的选题策划证明，从实用性出发的选题能够得到读者的欢迎，产生良好的社会效益。因此，这类选题是期刊选题策划的重点。

（三）坚持时效性原则

1. 期刊的时效性体现于它的时代性

期刊的时效性虽无法和网络、报纸相媲美，但仍然是期刊选题策划不可忽视的一项重要原则。期刊的时效性体现于它的时代性。撰稿人对创作题材的把握也是与时代紧密相关的，纵观不同时代的作品，都不同程度地彰显着时代的印记。

期刊要紧跟时代步伐、紧扣时代脉搏，合理运用与主题相关的社会事件或社会上近期发生的受关注度高的大事写文章，并把握选题发表的最佳时机。选题策划要充分发挥人的主观能动性，既要找准选题的最佳切入角度，又要拓展选题的深度和广度。

2. 期刊选题策划切不可"炒冷饭"

在瞬息万变的信息时代，期刊选题能否充分满足读者的现实需求和潜在需要，如何使选题内容更具个性、更易让读者接受，是编辑应该思考的问题。随着社会与科技的发展，各类思想观念层出不穷、日新月异，通过选题策划把握不同业界动态，对学科前沿问题进行探讨和深度挖掘，使选题具备新颖的观点和视角，是期刊吸引读者目光的关键。

期刊编辑在选题策划中要有开拓新领域、发掘新资源的能力和愿望。积极捕捉有价值的前沿信息，在充分调研的基础上明确选题方向，选择前沿课题，起用新作者，大胆选择别人没有尝试过的领域，令选题具有与众不同的视角和别具一格的独创性。

3. 编辑在选题策划中需有一定的前瞻性

选题策划的最终目的是吸引读者。刊登读者喜闻乐见的文章，是期刊必然的追求和选择。编辑在选题策划中要有敏锐的眼光和不畏艰难及勇于、善于开拓的精神，跳出常规的思维定式，另辟蹊径地寻找大众的兴奋点、敏感点，积极捕捉有价值的前沿信息，而不是人云亦云、随波逐流。在充分调研的基础上明确选题方向，选择前沿课题，制订选题计划，迎合读者们关注的热点问题，将选题做到"人无我有、人有我优、人优我特"。

作为专业的期刊编辑要有一定的前瞻性眼光，不仅要了解读者的既定需求，还要科学推断读者未来的需求走向。"凡事预则立，不预则废"，期刊相比网络、报纸，时效性较差，这就需要编辑在选题策划时有一定的前瞻意识。

要做到选题策划具有前瞻性，一方面要努力学习马克思主义，提高认识事物和分析事物的能力，掌握事物本质和发展规律。另一方面要在编辑出版工作实践中总结经验，有意识地培养和锻炼自己的洞察力和识别力，不断提高科学前瞻性。

（四）坚持针对性原则

每个刊物出版都具有一定的针对性，而选题策划是实现刊物针对性的基本途径。刊物的针对性即期刊所针对的受众和主题。刊物的受众即一个刊物创办过程中所明确针对的读者群体，因此在选题策划中需明确读者定位、爱好和需求。而受众的需要、兴趣和接受水平决定了选题策划的范围、重点和角度。刊物的主题则是一个刊物所着重表达的内容，如历史类专刊、儿童图书类专刊等。而主题的针对性决定了选题策划的大方向和大背景。

第三节 选题优化

一、选题优化概述

面对激烈的市场竞争，提高期刊质量是刊物发展的长久之计，而优化期刊的重点选题是提高期刊质量的主要措施之一。一本成功的期刊做到一年之中有几个优秀的重点选题并不难，难点在于是否每期都有分量较重的选题。要做到期刊重点选题的长盛不衰，就需要对期刊选题进行整体优化。

选题的整体优化不是靠一两个人就能完成的，这就需要整个编辑部的规范化管理，即在编辑部内综合运用目标管理、责任管理、绩效管理等手段，不断提高全体编辑的业务水平，强化编辑责任心及集体荣誉感，发挥全体编辑的积极性去完成。选题的优化需要编辑人员具有较强的信息意识、超前意识等。

二、选题优化的具体策略

(一) 把握出版工作方向和方针及生产秩序

选题策划虽然贯穿整个编辑工作之中,但对信息的筛选和有针对性地选择利用是其最基础的工作。选题策划不能凭空想象、肆意捏造,而是要将选题内容和方针落实到每一个细节。考虑任何设想都要从本单位实际出发,在党的出版方针和有关政策指导下,考虑是否符合读者需要,是否具有可行性。因此选题策划的过程也是编辑把握和决定出版工作方向、落实出版工作方针的过程。选题策划是编辑工作的起点,在选题策划基础上订立的选题计划可以明确有效地确定出版目标和出版计划,进而建立和维护正常的出版秩序。

在新媒体迅速发展的时代,出版人应在利用新媒体带来便利的同时,坚持发挥传统媒体本身的优势。根据读者的阅读需要和爱好来决定刊物的选题策划和刊物的出版定位,并利用新媒体的技术支持进行刊物的宣传,以此吸引受众,进而提高刊物的竞争力。

(二) 提供更精准化和个性化的受众服务

5G时代为期刊做好受众用户的精准化工作提供了机遇,出版社可以借助大数据库对受众的阅读喜好和需求进行分析和整理,进而把握新时期吸引受众的选题,选择符合受众喜好和需求的选题进行编辑和出版。"内容为王"的标准适用于互联网时代,而越来越成熟的互联网技术带来的是更满意的用户体验和更智能的技术支持。在5G时代,传统出版业的发展需在保证内容产出的基础上,积极与智能化技术合作,这样才能提高出版效率和出版质量,才能不被时代所抛弃。

据调查发现,5G时代的到来会减少传统出版业的资源浪费和人工成本。因此,传统出版业的经费可以更多地用于选题内容和文章方面,即通过约稿等方式获得更优质的文章内容和实现用户精准定位。在海量的信息和快节奏的生活大环境下,出版方需深度了解受众的需求和喜好,做到精准服务。而5G时代的到来意味着大数据的生产、加工和分配能力有了大幅的提高,为深入了解用户喜好和需求提供了技术支持。刊物可以通过大数据技术平台的支持,深入了解和探索读者的阅读需求和喜好,以策划出更符合读者需求的选题,在巩固既定读者群体的基础上,获得更多潜在读者和受众。

因此,随着5G时代的到来,出版物为受众提供更精准化和个性化的服务已成为大势所趋。传统出版物需更深入了解受众的阅读需求和喜好，以为受众提供个性化和精准化服务，为刊物前期选题策划提供借鉴，进而实现选题优化。

（三）充分体现办刊宗旨，促进品牌传播

每个刊物都有办刊宗旨，办刊宗旨是一个刊物创办的目的和意义，是选题策划和后期品牌成立的基础和核心。选题策划是办刊宗旨的主题体现，也是办刊宗旨的实现方式和手段。所有的选题策划都要围绕办刊宗旨进行，因此办刊宗旨是选题策划的前置条件，而选题策划是办刊宗旨的主题体现，二者是相辅相成的关系。优秀的选题策划可以充分体现办刊宗旨，甚至升华办刊宗旨。而只有实现选题策划和办刊宗旨的有效结合，最后才能达到品牌传播的目的。

因此，选题策划是否科学、是否具有新意及其质量优劣对期刊能否形成品牌效应和成长起决定作用。所有的选题策划只有积极配合好办刊宗旨，才能在传播层面上最大限度地发挥品牌宣传的作用。办刊宗旨是创办者架构和策划出来的，刊物的品牌形象也是通过刊物自身来体现的，因此选题策划是刊物提升自身品牌形象的重要途径。

除此之外，品牌传播效果则主要取决于受众，读者也是刊物赖以生存的关键。若想提高品牌的传播效果，需要以受众的需求为选题策划的出发点。而有品位、有深度、有内涵、质量佳的选题内容才能得到受众的长期青睐。因此科学的、具有新意的选题策划是形成期刊品牌效应和提升品牌传播效果的必要条件。因此，5G时代下，期刊应更加明确自身的办刊宗旨，紧紧围绕办刊宗旨展开策划，以提升品牌形象，为巩固老受众和获取新受众创造条件。

（四）加强选题初期数据调研，充分整合资源

选题初期的数据调研是一本期刊做好选题策划的基石，切实可用的数据对于确定读者群和明确市场需求作用巨大。只有加强选题初期的数据调研、充分整合资源，才能更好地提高选题策划的执行力。选题执行力是一个选题策划成功与否的重要影响因素，直接影响选题的品质和内容质量，影响选题策划的影响力。因此，要从各个方面提高选题策划的执行力。

首先，在选题初期，要多渠道收集行业素材和信息，确立合适的选题。在确立选题后，要充分进行数据调研，论证选题的可执行力。这个执行力包括选题的关注度、选题的适用范围、选题的阅读人群、选题的架构方向、选题的理论基础及实践经验等。要多方位、多角度地考察选题的可执行性，为选题的成功执行打下基础。

其次，要优化选题的架构，找到最能体现选题价值的架构方向。选题架构优化要以突出主线、观点鲜明、论证充分为原则。在此基础上，力求做到求新、求变，避免选题架构的单一性，丰富选题架构的形式，不仅可加强观点的说服力，而且增强选题的可读性。

最后，要整合各方资源为期刊选题搭建渠道，提高期刊选题的执行力。要借助相关部门和机构在相关领域的影响力和资源进行选题合作。进行平台资源合作一方面有助于选题策划执行力的提高，丰富选题的实践经验，增强选题的说服力；另一方面能拓展期刊的客户和经营群体，为期刊取得双效提供助力。在这方面，一些期刊已经摸索出了一些经验，并取得不错的成效。今后应继续加大力度扩展平台资源，形成一个长效的机制和模式，使其成为期刊选题策划借力的一个重要渠道和方式。

（五）增强出版社的信息收集及分析能力

在大众选题策划中，非常重要的一个环节是反馈。增强收集反馈能力、形成读者画像，接受各种来源的信息，可进一步修正选题环节中的方向。对于增强收集能力，方向是利用新兴信息技术。大数据是近年来曝光率非常高的概念，大数据技术也应用到了各领域。出版社要增强信息收集及分析能力，应用大数据技术、云计算是提高选题策划精准性的可靠方式之一。

（六）提高编辑的信息技术应用能力

编辑既是一个传统的职业，也是一个需要不断接受新知识的职业。目前看到，不同编辑对新兴信息技术的接受程度高低不一，对各类系统的接受程度也不一样，这在微观上限制了编辑选题策划的能力。因此，应推动编辑信息技术应用能力的进一步提高，实现期刊选题的优化。

（七）重视读者社群运营

大众传播的对象——受众，不仅仅是独立的个体，更是群体的一员。微博活动、豆瓣小组、贴吧的管理者实际上是在进行社群运营。对于出版社来说，同样也要做好社群运营。目前，出版社的社群运营总体水平不高，一些大型出版社做得比较好，而中小出版社则相对水平不高。对于出版社而言，公众号是最主要的社区，但是公众号资源对接出版社则需要解决技术上的问题。因此，出版社需要继续开发信息采集系统，由此来推动期刊选题进一步优化。

第四章　现代期刊的审稿与编辑加工

审稿和编辑加工是编辑工作的中心环节，也是评价和提高稿件质量的关键环节。了解审稿和编辑加工的相关内容以及二者在文稿中的不同操作规范，掌握文稿中的审稿和编辑加工的技巧，并发挥其在编辑工作中的作用，使稿件质量得到提高并达到出版要求，是从事现代化编辑工作的根本任务，也是提高编辑工作效率的重要途径。本章分为现代期刊的审稿、现代期刊的改稿、现代期刊的编辑加工三部分，主要包括审稿的内涵、现代期刊的主要审稿制度、改稿的注意事项等内容。

第一节　现代期刊的审稿

一、审稿的内涵

期刊编辑传播信息质量的高低和有效性主要取决于期刊所发表文章的学术水平，选择高水平期刊稿件的重要把关环节即审稿选择过程。审稿是选题、组稿工作的延续，是期刊准确、及时、有效传播信息的重要保证。在稿件选择、稿件编辑处理阶段，编辑主体对文稿的把关原则和要素包括以下几方面。

第一，正确性原则。正确性原则要求文稿的内容和形式两方面都必须正确无误。内容正确主要表现在信息的来源客观真实，信息的数据精确可靠，数据的取舍公正而不带主观任意性，信息的处理方法科学合理，信息的成果结论经得起实践检验。形式的正确性主要表现在词语概念的内涵单一准确，语句规范严谨，标点符号使用规范，图表的绘制精确科学，整体结构完整且与内容配合恰当。

第二，创新性原则。创新性原则又称为不重复性原则。这一原则要求编辑选择稿件必须按创新性标准选用，不采用严重重复前人知识成果的稿件，或按此原则删去稿件中简单重复已有知识的内容。

第三，精简性原则。要求学术文稿去掉不必要的内容和表述，保留必要的内容，采用最精炼的表达方式。但必须注意，简化过程必须服从于正确反映现实的本质关联的精神。

期刊是各类论文的主要载体，起着传播先进知识、推动学术交流和发展、促进社会进步的重要作用。一个合理、健全、严格而科学的期刊审稿方法是实现这一作用的重要保障，也是国内外期刊共同追求的目标。因此，重视和加强期刊审稿方式的研究，能够明确编辑守门制度性的把关要素，对促进我国期刊良性发展，形成科学、高效的审稿体制，保证期刊质量和营造公平、公正、和谐的信息传播氛围有着积极作用。

二、现代期刊的主要审稿制度

（一）"三审制"

2019年底，国家新闻出版署下发"开展出版单位'三审三校'制度执行情况专项检查"通知，重点检查"三审三校"制度落实情况、人员资质情况、主管主办职责落实情况、新媒体内容把关管理情况。

"三审制"的核心是用集体的力量来把控论文的学术质量，各出版单位在落实过程中会有所不同，需要结合自身期刊编辑出版特点。

一般来讲，贯彻三审制的主要做法，从学报编辑出版流程和一篇稿件的处理流程两个维度来看，可以从论文责任编辑、复审编辑、终审编辑三个审查主体出发，分析如何充分发挥三个审级编辑的互相监督检查作用，分析总结期刊审稿应重点把控的"六关"，也可以称为"六个阶段"。各阶段的工作内容既是循序渐进的，同时也是相互补充的，既能确保论文内容的学术性、政治性、保密性，又能提升审稿效率。这种方法是从编辑工作实践中提炼得出的，以期为编辑同人开展业务工作提供参考和借鉴。

具体来讲，期刊审稿应重点把控的"六关"包括：①注重效率严把"分稿关"；②依托专家严把"评阅关"；③提升质量严把"退修关"；④问题牵引严把"初审关"；⑤查漏补缺严把"复审关"；⑥综合评判严把"终审关"。

（二）同人评审制

同人评审是期刊遴选论文、提高其学术质量的重要途径之一。鉴于同人评审的重要性，国际科技出版界对如何正确、有效地履行同人评审制十分关注。国际科学计量与评价机构在对各国科研产出的对比与分析中，也特别强调所统计的论文必须是发表于经同人评审的期刊。

同人评审是期刊三审制中的一个核心环节，是确定论文学术质量的关键。虽然有个别期刊因为认识不足或受条件的限制，很少请或不请专家审稿，但大多数期刊都很重视同人评审的价值判定作用。

三、现代期刊的审稿质量优化策略

通过相关研究的描述性分析可以排出影响期刊审稿人审稿质量的得分顺位，并通过直线相关分析和线性回归分析对得出的结论进行进一步验证，对各因素对审稿人审稿质量的影响程度做了深入细致的分析。居前几位的影响因素为：审稿人的素质、稿件人情因素、审稿人的审稿心理、审稿方式、制度性因素（审稿单等）、审稿费的多少、审稿人的健康状况、审稿人的年龄、利益冲突、稿件本身质量、编辑部所送稿件与审稿人专业接近程度。为了提高期刊审稿人审稿质量，根据相关的研究结论，结合工作实践提出以下优化策略，力求有效避免以上各因素的影响。

（一）建立审稿质量评价机制

相关研究结果显示，审稿人素质是影响期刊审稿人审稿质量的第一大因素。通过对部分审稿人的专业知识、学术修养、人品修养、职业素质、责任心等各个方面进行全方位的调查可以发现，审稿人的素质对审稿质量的影响具有一定代表性。此因素对审稿质量的影响，编辑是无法控制的，要想避免此因素的影响，必须建立完善的审稿质量评价机制，以督促审稿人对稿件做出客观、公正、贴切的评价。对于那些审稿马虎、职业素质欠佳的审稿人，一旦发现，取消其审稿人资格。在实际工作中，最需要的是愿意又热爱审稿工作的专家，也只有这样的审稿人才会使期刊的明天更加美好。

建立由作者、编辑、读者共同参与的评价机制，以监督审稿人评审稿件，避免因审稿人素质不高导致的稿件误判。作者对审稿意见不赞同的，可申请答辩，编辑根据作者答辩情况，另请审稿人审阅或提交定稿会或请主编定夺。对于一些审稿认真但由于未掌握审稿技巧及方法的审稿人，可通过组织各种审稿人学习培训班提高审稿人的素质，聘请一些审稿质量较高的审稿人进行现场指导学习。

各期刊可根据具体情况，将对审稿人的评价分为不合格、合格、良好、优秀四个等级，1～2年总评一次。对于不合格或只是合格的，要分析其具体原因，如果是因为没掌握审稿技巧及方法或责任心不强，可通过各种培训班提高审稿人的素质。对于本身素质不高或品性恶劣的审稿人，一旦发现，将立即取消其审稿人资格。只有对审稿人做到有进有出，才能提高其自身素质和个人修养，从而避免因审稿人素质不高对审稿质量产生影响。

(二) 坚持稿件评审标准

稿件人情因素不仅是影响期刊审稿人审稿质量最为复杂的因素，它也是影响期刊质量的十大因素之一，相关研究也表明它是最主要的影响因素之一。怎样避免此因素对审稿人以及审稿质量的影响，已成为广大期刊编辑迫切需要解决的难题。

栾奕等从编辑和期刊的角度提出了相应的应对措施，由于篇幅有限，这里就不再加以赘述。现仅从审稿人的角度探讨怎样避免此因素的影响，具体内容如下。

①坚持以学术质量为评审稿件的唯一标准，审稿意见的撰写坚持客观、公正、贴切的原则。

②转变领导观念，减少行政干预。改变领导观念，将评审权交给审稿人。大多数领导自己本身就是审稿人，希望他们能站在审稿人的角度考虑，对稿件的评审尽量不要干预。如遇与单位发展有一定利益关系的"关系稿"，也需请审稿人对文章加以修改、润色后发表；对实在无法修改的，审稿人说明退稿缘由以力争取得作者和委托人的理解，编辑也应当做好退稿的解释工作。

③加强编辑职业道德修养，规范审稿制度。编辑能否恪守职业道德和保密承诺是解除审稿人顾虑的关键。有些编辑与作者关系非同一般，会将审稿人姓名透露给作者，就会给审稿人带来很多麻烦。这就需要加强编辑职业道德修养，杜绝此类事件的发生。

规范审稿制度，对审稿人申请回避的稿件，编辑部应另请他人审稿；作者请求回避的，编辑部也应尊重其请求。通过规范审稿制度，力求做到对稿件的评审一视同仁，审稿意见公开透明，这样才有利于减少稿件人情因素对审稿人审稿质量的影响。

(三) 提高审稿人的自我心理调控能力

相关研究证实，审稿人的审稿心理是影响期刊审稿人审稿质量的重要因素之一。幸建华和张冰分别从编辑和期刊的角度提出了相应的应对措施，这些措施对避免此因素对审稿人的影响虽有一定的效果，但审稿心理是编辑和期刊社无法控制的。这就需要审稿人提高自身素养及自我心理调控能力，编审双方共同协作，方可有效避免此因素带来的影响。

心理调节过程中审稿人自身是关键，不管编辑和期刊社采取什么措施，都只起辅助作用，真正起关键作用的是审稿人的自我调节。审稿人需不断学习，更新知识结构，避免出现因自身知识老化导致的思维定式，克服个体心理障碍，从而有效避免"马太效应"和"光环效应"。

审稿出现疲劳时，应加强自我调节，待调整到最佳状态后再进行审稿。莫在情绪激动、心情烦躁时审阅稿件，应尽量选择心情舒畅、平和时审阅稿件。坚持真理，加强审稿责任意识，提高职业道德修养，千万别把自己当作决定别人稿件生死命运的"大法官"。审稿意见的撰写应客观、公正、贴切，切不可敷衍了事。编辑也必须信守承诺，对审稿人相关信息给予保密，方能消除审稿人戒备心理，让审稿人畅所欲言。只有通过编辑、期刊社、审稿人三方共同协作，才可能真正减少心理因素对审稿人审稿质量的影响。

（四）选择科学合理的审稿方式

相关研究表明，审稿方式是否科学合理也是影响期刊审稿人审稿质量的重要因素。因此，在选择审稿方式时应充分考虑各种审稿方式的利弊，扬长避短，灵活应用各种审稿方式。

编辑为待审稿件选定审稿专家后，首先需要尽快将待审稿件送到审稿人手中，可通过邮寄、人工直接送达纸质稿件、电子邮件方式或通过期刊稿件管理系统直接指派审稿专家。其次是审稿方式的选择。无论通过上述哪种方式送审稿件，都必须充分了解各种审稿方式（单盲、双盲、公开制审稿）的利弊。无论选择哪种审稿方式，都必须充分考虑稿件本身所提供信息对审稿专家的影响，隐去可能影响审稿专家的那部分信息，再科学合理地选择审稿方式，以最大限度避免此因素对审稿人审稿质量的影响。

对于稿件本身所提供信息可能对审稿人产生影响的，采用双盲法；无影响的用单盲法；单盲、双盲审稿人都能猜出的，就用公开审稿制；还可采用增加审稿人次等方法。总之，可根据稿件具体情况综合运用以上审稿方式。由此可见，选择科学合理的审稿方式能有效避免此因素的影响。

（五）鼓励学者参与审稿，倡导分享审稿经验

通过鼓励学者参与审稿、倡导分享审稿经验，有利于推动优秀审稿人的培养，进而实现审稿质量的优化。

第四章 现代期刊的审稿与编辑加工

虽然中国的部分学者积极地参与到国际审稿活动当中，但还有大部分学者更注重论文发表、课题申请等科研活动，就算是国内的审稿活动，后者也鲜少参与。针对这种现象，应该采取一些措施让更多的学者参与审稿，比如宣传审稿为学者带来的诸多益处、奖励优秀审稿人等。

另外，他人的经验对一个人的成长的作用重大，尤其是审稿经验对审稿人的成长是很重要的。建议鼓励优秀审稿人分享审稿经验，其中就有一些学者自愿分享审稿经验。在科学网博客有一些学者共享了自己的审稿经验。中国科学院的徐耀分享了他审稿十年的经验，他指出文章的立意要明确有效，论据要丝丝入扣，讨论要引人入胜，结论要坚实确定。胡茂从分享了自己两年多的审稿经历，他提出自己刚开始的时候是给各个知名期刊编辑写信求审稿的，这是值得鼓励的做法。他在2016年—2018年间已经审读了100多份稿件，对学术界的贡献不容忽视。吕鹏辉在审稿经验分享中提到投稿和审稿是事物的两个方面，有投稿就必须有人来审稿，他觉得参与国际审稿活动很值得。这些经验丰富的审稿人分享的审稿经验对于新审稿人进行审稿有着指导与启迪作用，可以帮助他们更快地掌握审稿技巧，成长为一个优秀的审稿人，进而实现审稿质量的提升。

（六）注重女性学者群体和青年学者群体的发展

重视女性学者群体和青年学者群体的发展，有利于培养更加优秀的审稿人才，进而推动审稿质量优化。

优秀的高科技人才群体对于一个国家软实力的提高至关重要，培养高科技人才也显得尤为必要。女性学者群体与青年学者群体相对处于弱势地位，可以加大对特定群体的培养力度。

女性学者是科研工作中不可缺少的一支力量，应该通过各方面努力鼓励女性学者专注于科研工作。给予女性学者更多的自由，减轻她们的社会压力，为她们创造良好的科研环境，取得更高的学术成就。为了提高同行评审的参与度，也应鼓励女性学者积极参与到这一活动中来。

青年学者是我国未来的科研力量，在国际审稿活动中有部分青年学者脱颖而出，相信他们在未来一定大有可为。青年学者正处于精力充沛的时期，专注于科研工作，建议国家、高校或科研单位重点关注青年学者的发展，在政策和资金上给予大力支持。对于前期显示出潜力的青年学者，要勇于提拔，为他们创造更广阔的发展空间，让他们能产出更多创新成果。

对此，Publons（同行评审认证平台）就树立了一个好的榜样，在评选优秀审稿人时注重审稿意见的质量，因此有不少青年审稿人获得了 Publons 同行评议奖。青年审稿人是未来审稿活动中的主力军，应采取一些措施培养他们，如开展审稿培训活动、审稿经验分享活动等。审稿能力是一步一步提高的，应该较早地让青年科研人员参与到审稿当中。有学者曾指出潜在的审稿人网络太小，科学家可以考虑提供合格的硕士生和博士生作为潜在的审稿人。科研领头人也可以考虑将审稿活动纳入日常的研究生学术训练当中，提升他们的审稿能力。通过大力培育科研人才，推动其审稿能力的提升，可以有效实现审稿质量的优化。

（七）提高英语写作能力，促进学者之间的交流

相关研究发现，我国审稿人员的审稿意见字数低于全球平均水平，可能与我国学者的英语表达水平有一定程度的关系。虽然我国较早就开始了英语教学活动，但比起母语为英语的学者，我国学者在英语表达水平上还存在较大的提升空间。即便有很多学者在科研上取得了很大的成绩，在国际顶级期刊发表了很多论文，但我国科研学者大多面临英语能力不足的问题。因此建议在科研论文英语写作、审稿意见撰写方面开设专题培训班，增强我国学者的英语写作能力。

另外，更多地参与国际科研交流活动也有助于我国学者提高英语写作能力。随着经济全球化、网络化的发展，促进国际合作与交流，引进和培养具有跨文化协作能力的高端人才，成为高等教育发展的必然趋势。高校可以通过聘用国外优秀人才、外派校内教师、联合培养学生等方式增强国际交流，还可与国外一流大学开展合作项目，增加合作论文数量，从而提升我国学者的英语写作能力。另外，也要充分发挥海外华人、华侨等在促进国际合作中的作用，为相关学者更多地参与科研项目、学术交流创造良好外部环境。

另外，也应注重国内科研人员间的交流合作。鼓励高水平科研人员之间加强交流、分享经验是十分必要的，这有助于学者科研水平的提高。相关单位也应多举办学术交流活动，促进科研人员进行交流、合作。科研人员自身也应做出努力，主动抓住与高水平科研人员交流的机会，不仅仅是和同一高校的同事，还有和自己的老师、同门、同领域内学者，也可以加强联系，拓宽自己的知识网络。同时也应鼓励高水平科研人员积极分享知识，指导青年学者，提升我国科研工作者的整体水平，促使其审稿能力进一步提升。

（八）加大制度性因素研究，不断完善制度性因素

各种制度都是各期刊编辑部根据本刊实际情况制定的。相关的问卷调查结果

显示，由各编辑部根据自己的办刊情况制作的审稿单、确定的审稿标准、制定的编排规范、约定的审稿期限，这些辅助审稿人审稿的制度性因素是影响期刊审稿人审稿质量的主要因素。这已引起了广大期刊主编和编辑的充分重视。

近年来，广大编辑同人围绕审稿单的设计，运用结果调查分析审稿时限多久才算适合本刊做了大量研究工作，研究成果层出不穷。但有些编辑部制作的审稿单、确定的审稿标准、制定的编排规范、约定的审稿期限数年来均未做任何调整，这肯定会影响期刊的审稿质量。

期刊应顺应时代的发展潮流，在发展中根据广大编辑的研究成果和本刊的具体情况不断调整和完善各种制度性因素，使其适应期刊不断变化的审稿需求。只有对各种制度不断修订和完善，才可以避免此因素对审稿人审稿质量的影响，最终达到获得高质量稿件的目的。

（九）动态地掌握审稿人的年龄和健康状况

相关研究表明，尽管审稿人的年龄和健康状况不是影响期刊审稿人审稿质量的决定性因素，但调查结果也充分表明它是影响期刊审稿人审稿质量的次要因素。编辑在送审稿件时应全面了解审稿人的相关信息，尤其是审稿人近来的健康状况，要多了解、关心审稿人，动态掌握其健康状况。对身体状况欠佳的审稿人，应以编辑部名义多探望，建立良好编审合作关系，多用亲切的语言关心审稿人，及时减轻审稿人负担。

编辑应尽可能将稿件送给健康状况良好的审稿人，审稿专家提出因身体健康状况欠佳、今后不再审稿的，编辑除及时给予答复外，还应亲自上门探望，以体现人文关怀，从而吸引更多的专家审稿。朱美香针对审稿人的年龄提出了相应的应对措施，以力求减少年龄因素对审稿人审稿质量的影响。合理的年龄结构是保证我们获得高质量稿件的基础。对于年轻的审稿人，可通过年龄较大的、审稿资历较深的审稿人带动、培养使其迅速成长起来，成为保障期刊审稿质量的生力军，及时补充年龄合适、具有较高学术造诣的青年学者。

合理的年龄结构加上对年轻审稿人的积极培养，对减少年龄因素的影响具有积极的作用。由此可见，动态地掌握审稿人的年龄和健康状况，及时减少年龄过大和健康状况欠佳的审稿人可避免此因素对期刊审稿人审稿质量的影响。

（十）坚持稿件评审回避原则，加大审稿经费投入

审稿费的多少和利益冲突虽是影响审稿人审稿质量的因素之一，但不是主要

的因素。相关研究结果表明，利益冲突和审稿费的多少与审稿人审稿质量有一定相关性，考虑它们在实际工作中确实具有一定的影响。但将它们加入多重线性回归分析，结果表明它们是次要因素。

审稿本身是一种荣誉，审稿费是对审稿工作的认可，有些期刊不发审稿费，每年年底给审稿人发一样纪念品，审稿人仍兢兢业业地审稿。这就充分证明了这一点。但经济状况较好的编辑部可适当增加经费投入，相应地提高审稿费。其他期刊也应加大审稿经费投入，避免因审稿费太低且得罪人而使审稿工作无法正常运作。

编辑送审稿件时需考虑审稿人与稿件是否存在利益冲突或请审稿人注明，坚持审稿回避原则，最大限度避免利益冲突对审稿人审稿质量的影响。因此，工作中编辑只要稍加注意，坚持审稿回避原则，适当提高审稿费，便可避免利益冲突和审稿费的金额对审稿人审稿质量的影响。

（十一）充分利用现代科技手段，加强稿件初审

1. 加大编辑初审力度，提高稿件送审质量

相关研究表明，稿件本身质量是影响期刊审稿人审稿质量的次要因素，但其是较好控制的因素之一。为了减轻审稿人负担，必须加大编辑初审力度，提高稿件送审质量，控制好每位专家审稿的数量。

编辑除对文稿的内容及形式进行初步审查外，还应从学术思想到学术水平，从政治法规到撰稿规范等进行审查，以鉴别文稿选题是否新颖，实验设计是否科学、合理，行文观点是否正确，语言表达是否通顺、恰当，结论的分析和推理是否符合逻辑，有无新的学术观点和见解。通过对上述各方面进行深入细致的审查，以确定是否有必要请专家评审。

加大编辑初审的力度，对那些内容尚可，但写作马虎、行文不规范的论文，编辑应让作者好好修改后再送专家审阅；对于那些无任何新观点、新方法、新技术、新理论，基本上是重复他人研究内容的论文，期刊编辑应坚决予以退稿。从而减轻审稿人负担，提高送审稿件质量。

2. 充分利用现代化的网络数据库资源

近年来，各期刊编辑部都不同程度地利用现代化的网络数据库资源，如通过互联网直接收集相关文献，利用中国知网数据库、万方数据库查询相关文献。这里主要以科技期刊为例进行具体说明。

例如，由清华大学研制的科技期刊学术不端文献检测系统已正式投入运行，利用该系统对待审论文进行检测，既可以将近年来国内与待审论文相关的内容全部检索出来，也可以将待审论文与哪些文章有相关性及文字复制比均一一列出。

根据科技期刊学术不端文献检测系统的标准，一篇论文与数据库的文字重合率大于或等于10%，属于句子抄袭；30%到50%之间属于段落抄袭；50%以上则被判断为整体抄袭。目前，各家科技期刊都根据实际情况制定了论文抄袭的评判标准。各家科技期刊只将该系统作为初筛工具，对可能存在问题的论文，该系统将自动生成检测报告单。稿件是否被录用，主编或编辑将会根据各审稿人的意见而定；对于审稿意见不统一的，可在定稿会上由各编委会专家做最终鉴定。

实践证明，经期刊编辑充分利用现代化的网络数据库资源审阅的稿件，再将其送给审稿人审阅，这样的稿件本身就具有相当高的质量。

3. 提高编辑人员的科学判断能力

编辑人员的科学判断能力对其初审稿件具有十分重要的影响，编辑能否遴选出高质量的稿件，有赖于编辑自身的科学判断能力。世界顶级杂志对编辑的科学判断能力是十分重视的，如哈佛医学院主办的世界顶级医学杂志——《新英格兰医学杂志》，其分科主管编辑均是有相关栏目学科背景的博士或博士后。

具有较强科学判断能力的期刊编辑能够准确判断来稿的学术内涵和参考价值，更加精确地鉴别研究方法的合理性和结果的准确性，对论文的评价更加客观、公正，更能遴选出高质量的论文，以避免因论文本身质量不高对审稿人产生影响。只有不断提高编辑人员的科学判断能力，其才会当好"伯乐"，从而为期刊遴选出更多高质量的稿件。

（十二）注重不同学科、地区、高校的均衡发展

为了实现整体性发展，需要注重不同部分均衡发展、共同发展以推动优秀审稿人的培养，进而实现审稿质量优化。

针对目前优势学科发展愈来愈好、弱势学科发展愈加艰难的现象，高校需要做出调整。因为许多弱势学科是基础性的学科，对于科研事业的发展尤为重要，且弱势学科的发展也能促进优势学科发展。

当下各高校需要重点关注和促进弱势学科发展，建议吸取优势学科的建设经验，同时注重其特色化发展，最终实现优势、弱势学科共同发展的良好生态。近年来，学科交叉现象愈演愈烈，也大大推动了科学进步。在这样的发展趋势下，

应该注重跨学科交流活动,加大对交叉学科研究的投资,组织不同学科、领域的学者进行交流,相互促进各自学科的发展与交叉学科的发展,进而使整个学科也有一个良性的发展态势。

从相关数据分析结果来看,西部地区严重缺乏国际优秀审稿人,因此应该重视西部地区高科技人才的培养。首先,国家可以在宏观上调控资源配置,在财政投入、教育资源投入方面适当向西部地区倾斜,加快西部地区发展。西部地区的高校自身也要做出革新,利用所有可利用的资源营造良好的学术氛围,推进学科发展,培养高素质复合型人才。在人才建设方面,要出台相应政策吸引国内外高科技人才服务西部地区。在审稿方面,要与国际接轨,鼓励科研人员参与国际审稿活动;高校也可举办审稿培训活动,提升科研人员的审稿能力。

"双一流"建设吸引了政府和社会的大部分资源,而一些非"双一流"的高校则面临学校声誉和知名度低、师资力量和结构不合理、高端成果产出少和影响力不足、国际化不足等困境。在审稿方面,也缺少非"双一流"高校学者的参与,因此非"双一流"高校必须另辟蹊径。一方面,非"双一流"高校可以主动招揽优秀人才,注重人才培养,完善人才评价制度,给其提供优质的科研环境。另一方面,同区域的多个非"双一流"高校可以抱团取暖、共同合作,实现资源共享与优势互补,为审稿人才成长提供丰富的学术资源。

(十三)关注学者履历信息,及时发现人才

要想更好地实现审稿质量的优化,就需要积极关注学者履历信息,及时发现审稿人才。

通过收集相关研究中获奖审稿人履历信息发现,这些审稿人大都毕业于名校,学历高,有过海外访学经历,且具有较强的科研实力。审稿人在国际审稿活动中获奖的履历也为其在国内的发展提供了助力,有的学者所在机构公开发布学者获得国际奖项的消息,有的高校在科研人员个人介绍中也及时更新了"Publons同行评议奖"这一奖项,可见履历信息的重要性。

学者的履历信息是他们学术发展和职业发展的成长记录,包括职位、学术及科研产出、获得奖项等数据,有着极为丰富的信息。当前,高科技人才成为了各国竞争的人才资源,为了保持和提升国家软实力,我国还需要在人才资源建设方面做出努力。为此建议相关部门可以多关注履历信息,及时发现人才。

有关部门可以定期搜集人才信息,建立履历档案,发现呈现出成长趋势的优秀人才,对其进行重点关注。另外,我国可以建立一个具有信息存储、信息

发布、在线交流等多种功能的高层次人才数据库,及时追踪学者的科研和工作情况。若是发现我国急需的关键技术领域的人才,可以立即开展引进、培养工作。数据信息可以借助学术会议、相关网站等多种渠道获取,人才信息入库之后,可定期进行学术跟踪以更新信息。另外,也要收集高校、科研机构或企业的需求信息,为其推荐具有高素质、高水平的审稿人才。

(十四) 创建审稿专家档案,建立个人信用制度

创建审稿专家档案,建立个人信用制度,有利于推动优秀审稿人的培养,进而在一定程度上促使审稿质量进一步优化。

打破"SCI至上"的观念之后,如何确保中国科研不与世界脱节是极其重要的问题。在短短的时间内,国家有关部门密集发布文件、制定政策,对长期以来形成的以论文论"英雄"的简单、粗放的科研资源分配方式进行坚决调整,建立科学的评价体系,这无疑是我国科技评价政策的重大转变。科技评价和学术评价系统的完善是导向的确立和价值观的重塑,将对我国科研事业和人才培养产生深远的影响。

Publons 对于科学研究有着重要价值,其创建审稿人档案、认可审稿人贡献并为优秀审稿人颁奖,是我国在改进同行评议制度的过程中可以借鉴的做法。在着重落实同行评议制度的过程中,应该大力营造健康向上的文化氛围,倡导同行评审透明化,认可审稿贡献。

我国可以借鉴 Publons 的做法,为审稿专家创建审稿人档案,记录审稿人的审稿记录,包括审稿数量、审稿意见字数、审稿质量分数、服务期刊等信息,体现审稿专家所做的审稿贡献。根据审稿专家档案中的信息,可以为表现突出的审稿专家颁发奖项,认可和感谢他们做出的巨大贡献。与此同时,还可以建立评审专家的个人信用制度,在科学共同体内杜绝人情社会、关系社会的不良风气的侵蚀,有效地落实同行评议制度。

(十五) 多途径了解审稿人专业,健全审稿人数据库

相关问卷调查结果显示,所送稿件与审稿人专业接近程度是影响期刊审稿人审稿质量最小的因素,也是最容易避免的因素之一。要想给每份稿件都找到合适的审稿人,就需要期刊编辑多与审稿人联系,加强交流,多了解审稿人所从事的研究方向,以健全和完善审稿人数据库。为了避免此因素对审稿人审稿质量的影响,可通过以下途径充分了解审稿人专业。

①利用全国硕士、博士研究生招生专业目录,根据其提供的导师及专业情

况，可初步建立审稿人专业数据库。在建库时尤其注明其所从事的专业研究方向，不然很难寻找到"小同行"。

②可通过发布网络公告征集审稿人，请那些自愿为期刊审稿的专家填写其相关情况及近年来发表的论文，经编委会讨论后遴选出优秀的审稿人进入审稿人数据库。

③建立编委会数据库。现在大多数期刊均设有定稿委员会，定稿委员会成员都是常务编委。因此，对常务编委的专业研究方向编辑更应该了如指掌，在请常务编委定稿时应充分考虑稿件专业方向。

④利用国家自然科学基金委员会的资助项目数据库选择审稿人。国家每年都会公布当年国家自然科学基金的获得者及项目内容，项目负责人都具有丰富的专业理论知识，都是该研究领域的行家能手，对该研究领域造诣极深。对接受邀请愿意为期刊审稿的，可以将其纳入审稿人数据库。

⑤同类期刊编辑部加强交流，实现资源共享。现在大多数的期刊基本上都采用期刊稿件管理系统，均建有自己的审稿人数据库，同类别期刊的审稿人可通过互相聘用实现资源共享。这不仅提升了期刊的办刊实力，还将有利于提高我国期刊的整体学术质量。

⑥从稿件本身入手选择审稿人。有些稿件无法通过现有数据库找到合适的审稿人，通过对稿件本身所提供的信息进行分析后，利用各种网络资源查找到合适的审稿人。对审稿人所研究专业与稿件内容进行比较分析后，邀请其为期刊社审稿且接受邀请的，可以将其纳入审稿人数据库，以对期刊社的数据库进行补充、完善。

要想真正避免此因素对审稿人审稿质量的影响，除了需要通过上述途径多方面了解审稿人的专业研究方向外，还需要编辑综合运用各种应对措施。如对交叉学科稿件可增加审稿人次；审稿结果编辑难以决策的，可通过定稿会定夺；对于专业方向编辑把握不准的，可通过作者推荐审稿人和请专家推荐审稿人的方式解决，以尽最大努力将每一篇稿件送给最接近稿件内容专业的审稿专家，从而对每一篇稿件做出客观、公正、贴切的评价，避免因送审专家不恰当而流失优秀稿件。

（十六）优化审稿流程以减少出版时滞

期刊的整个出版时滞可以分为投稿时滞和发表时滞，前者体现编辑处理稿件的效率，后者反映期刊版面与来稿的供求关系。减少投稿时滞作为缩短发表时滞直接而有效的途径，能够实现减少出版时滞的最终目的。因而需要不断优化审稿流程，提高稿件处理效率。

通过严格把控审稿人的学术水平、利益冲突等情况，积极帮助审稿人明确出版标准，避免因审稿人选择不当而耽误稿件处理时间。Publons 的合作期刊可以从 Publons Academy 毕业的审稿人列表中挑选经过专业验证和培训的审稿人，或者通过审稿人个人主页，查看审稿人参与同行评议的期刊、年份等统计数据，据此判断审稿人的审稿经验和水平，为期刊选择合适的审稿人提供参考。

PLOS ONE（一本综合性期刊）使用了一个结构化的评审表（包括两个部分：对作者及其论文进行评论的 6 个问题，回复编辑的 3 个问题），帮助审稿人根据期刊的出版标准评审稿件，提高同行评议过程的效率。审稿人的评审账户也会链接到其本人的开放研究者与贡献者身份识别码（ORCID），使评审活动自动发布到 ORCID 的档案记录中，但不会公开评审内容。以这种经过验证的方式确保审稿人严格完成稿件的评审工作，同时整合审稿人的学术成果。如果作者因论文没有通过期刊的同行评议而将其转投到美国科学公共图书馆旗下的其他期刊，那么之前的审稿意见也会转移到该期刊。

此外，*PLOS ONE* 还采用 CRediT 分类法让论文的合作作者详细描述自己对论文的个人贡献，并由通讯作者负责在投稿时提供所有作者的文稿，以此为审稿人评价稿件的学术诚信问题提供依据。*Frontiers*（欧美系列期刊）在期刊的同行评议环节积极推动技术创新，根据编辑的专业知识，基于算法推荐专业技能与待审稿件研究主题最相关的审稿人，还开发了人工智能评审助理（Artificial Intelligence Review Assistant，AIRA）以检查审稿人与作者之间是否存在利益冲突关系，尽可能邀请到合适的审稿人。

通过加强同行评议过程的协作性来提高稿件处理效率。《中国机械工程》运用群审稿模式实现了稿件的精准送审和及时审回，不仅大大提高了期刊的审稿效率，还有助于防止学术不端行为。群审稿模式是指利用微信、QQ 等新媒体社交平台，根据期刊审稿人不同的研究方向分别组建联系群，用于评审细分研究领域中的相关稿件的审稿模式。在这种根据审稿人各自的研究方向小型集中式建立的审稿专家群里，编辑可以随时发布待审稿件的简要信息和评审要求，审稿人主动根据自己的研究兴趣、时间安排等实际情况决定是否承担审稿工作，并以适当的方式，如线下审稿语音或者拍照上传，又或者是进入期刊的审稿系统在线审稿等方式提交审稿意见。

期间，审稿人可以直接在群里向编辑咨询审稿问题，或者与其他审稿人进行互动等。Frontiers 在 2014 年开发了一个协作评审论坛系统，在这个系统当中包含两个评审阶段：独立评审和交互评审。在独立评审阶段，审稿人要完成一份标准化的在线评审问卷。这是在独立于其他审稿人和作者的情况下评估稿件质量，充分保障审稿人的意见自由。随后进入交互评审阶段，作者和审稿人都可以访问所有的评审报告，并通过论坛直接讨论，在线解决与稿件有关的全部问题，期刊编辑负责监督同行评议的整个过程。

通过倡导高效评审、快速出版不断优化审稿流程。Frontiers 的协作评审论坛系统有着严格的审稿时限和修回时限及提醒服务，能够指导作者、审稿人和编辑顺利开展同行评议。审稿人被要求在接受审稿后的 15 天内通过系统提交评审问卷，只要所有的审稿人全部提交完毕，编辑就负责激活下一个阶段，即交互评审阶段，并立即通知作者访问论坛查看审稿人的审稿意见。

根据不同的修订要求，作者被要求在 15 天、25 天或 35 天内给予审稿人答复，提交稿件的修订版。期间，编辑可以在系统中随时发表评论，以确保作者和审稿人能够及时有效地进行互动。Frontiers 采用这种审稿流程将从收到来稿到最终决定录用的平均时间缩短到了 90 天。PLOS ONE 实施两个级别的稿件接收决策：当责任编辑认可来稿的科学性时，会先向作者发送一份接收决定便进行临时验收；一旦稿件的格式和技术要求通过审查，编辑就会向作者发送正式的接收决定，稿件就此进入发表阶段。编辑做出录用决策的平均时间约为 43 天，在同行评议环节一般要求审稿人力争在 10 天内完成稿件的评审工作。PeerJ（英国期刊）的稿件录用速度甚至比 PLOS ONE 还要快，不断简化论文提交系统和评审系统，要求审稿人在接受评审后的 10～14 天内提交他们的审稿意见，平均 25 天就会告知作者是否录用其稿件。F1000Research（面向科学家、学者和临床医生的开放研究出版平台）所采用的审稿流程决定了无论最后同行评议的情况如何，通过编辑初审的所有论文都将得到发表和访问，最大限度提高学术出版的效率。

第二节　现代期刊的改稿

一、改稿的注意事项

改稿就像绘画、绣花，应该认真细致，讲求工艺，遵守工序，善始善终，追求完美。改稿应该注意的事项很多，下面结合改稿经验，选择两个有代表性的方面概括地说一说。

(一) 忌"印象式改稿"

"印象式改稿"的改稿方式，就是对自己拿不准的字和词语，既不翻书查找，也不请教别人，而是自以为是、想当然，觉得自己的印象最准确，认为自己已有的知识足够做评判。这样一来，对那些与自己的印象和知识有冲突的字和词语，就认为统统都是错误的，必须按照自己的印象和知识改正过来。在改稿时，要尤其注意避免此类方式的使用。

(二) 忌"眩晕式改稿"

"眩晕式改稿"的改稿方式，就是改完稿子后心里无底，无法对整部书稿的编辑加工质量做出总体判断。发稿时晕晕乎乎、忐忑不安，好像是在赌博，孤注一掷。这种心理状态的存在，主要是因为看稿子时精力不够集中，用力不够均匀，有的地方看得仔细，有的地方看得粗糙，致使稿子看完后心里没有整体感，模模糊糊。在改稿时，也要注意避免此类方式的使用。

二、改稿工作的基本原则

目前，出版编辑的改稿工作需要遵循五项基本原则，即整体思维原则、尊重作者原则、信息优化原则、改而有效原则及主体协和原则。其中需要抓住"少而准"的改稿重点，改得精准才能主次分明。要做到这点看似简单，却对出版编辑工作者的判断力、表达力提出了更高的要求。谨遵《中华人民共和国著作权法》的规范限制，把握"少而准"的改稿精髓，同时将改稿与审稿的职责严格区分开来，积极转变观念认识，才能更好地胜任出版编辑工作。

(一) 坚持"少而准"原则，明确规范

除了版面编排的要求外，编辑改稿"更主要的是为了防止出现观点、事实、文字等方面的差错"。这就需要做到"少而准"。尤其是期刊出版编辑，改稿的重点是字、词、句、标点符号、篇章结构等方面的错误、不规范之处，这也是上级审核的重点。明确重点才知道怎么着手编辑加工，才知道编辑改稿的边界、目标和典范。

首先，要有边界。编辑改稿不能没有边界、想改就改。改稿、编辑改稿、新闻编辑改稿、出版编辑改稿、期刊编辑改稿的层级或性质是不同的。面对同一个客体,即作者已经初步完成的稿件,改稿的主体可以是作者自己、朋友、师长或编辑,不同主体改稿的权限、目的、要求和力度是有区别的。编辑改稿不同于其他任何人的改稿,出版编辑与新闻编辑的改稿也不同,专业性强且各有特质。因而,编辑不能僭越改稿主体之边界、权力边界、止误边界和风格边界。

其次,目标是改对。目标不是"改好",更不能说改得"越好"越好。合格的编辑"绝不轻易改动人家的文稿",而是脚踏实地,本着良知与责任默默奉献,为了尊重作者"不求改好,只求改对"。

最后,要明确典范。与有些学术机构追名逐利的风气不同,编辑改稿强调默默奉献。只有坚守编辑改稿的本质,才能收到良好的效果,很多典范已为编辑学界所重视。

总之,"少而准"的编辑改稿原则看似简单,实则有很高的要求:有明确的边界,有明确的目标,有明确的典范。

(二) 落实"少而准"原则,转变观念

为切实贯彻"少而准"的实质要求,期刊编辑需要积极转变观念。

1. 转变观念认识

期刊编辑改稿的认识偏差有两类,即褒贬失度、定调失当。目前部分编辑往往将自己的身份与审稿人混淆,为夸大自身作用而贬低了作者的能力。这种观念切不可取。而定调失当是出版编辑一味求好,罔顾作者本意而多改,甚至是改写。这种观念之所以存在,往往是因为出版编辑站在了文稿能顺利出版传播的道德制高点,理想化地进行改稿工作。这种"大动干戈"式的改写文稿,却丧失了出版编辑的职业素养。积极贯彻"少而准"的要求就是为了有效避免这种缺乏编辑责任感的改稿行为,让出版传播的作品百花齐放、百家争鸣,而不是千篇一律的老调重弹。

2. 切实区分改稿、审稿职责

相较于改稿环节,审稿环节才是最终决定文稿去留、内容、风格的关键环节。文稿是否能正常出版传播也只能在进行这一环节后决定,所以稿件主体内容的取舍不应该出现在改稿环节,应该将二者的工作实质区分开来,避免盲目改稿。因此,贯彻实施"少而准"的改稿原则就是为了从根本上避免混淆改稿和审

稿工作，明确二者的职责规范，完善改稿制度，让改稿人专心改稿、审稿人一心审稿，切实提升文稿的质量。

综上所述，在新媒体时代背景下，传统的出版业要在竞争激烈的传媒领域争得有利地位、再造辉煌，就必须转变观念，同时大力提升出版编辑的专业素养。

第三节　现代期刊的编辑加工

一、编辑加工的意义

编辑加工对于提高期刊质量有着不可低估的作用。如果说审稿是从高视点、全方位对文稿进行宏观的总体把握，决定取舍，存优去劣，决定文稿的用与不用，那么编辑加工就是从微观上对文稿进行检验和校正，发现问题，弥补缺陷，从而使文稿的内容和形式尽可能达到完善的程度。因此，在期刊出版工作中，人们往往将编辑加工视为一项重要的内容，并将编辑加工表述为："编辑加工是精神产品物质形态化之前最主要的一次质量检验和全面优化，是从全局到局部决定精神产品物化形态的重要环节""编辑加工是一项创造性的劳动"等。由此可见，编辑加工工作对保证和提高期刊质量有着举足轻重的作用。

二、期刊编辑加工的内容

列宁曾将编辑加工的内容概括为实质性和技术性两个方面。

实质性加工主要是指对文稿思想内容、写作风格和学术观点等的修改。实质性加工应当由作者本人承担或征得作者同意后，由编辑或相关专业人员实施。技术性加工（又称非实质性加工）包括语言文字的修饰、标点符号的订正、体例格式的统一、重要引文和数字的核实等，这是编辑责无旁贷的责任。列宁的概括无疑为编辑加工指明了方向、提供了依据。

三、期刊编辑加工中的思维模式

（一）逻辑性思维

在开展编辑工作时，因为不同作者都存在个体差异性，或在创作文章时出现笔误等情况，文章中难免会出现各种各样的问题；并且编校人员也不可能熟知所有领域，对稿件做到全面、深入的编辑加工。鉴于此，编校人员应在编辑加工环节充分融合逻辑思维，以稿件的整体、结构、层次为中心，分析稿件的逻辑关系，从逻辑层面保证稿件内容的正确性。有效运用逻辑思维开展编辑加工工作，能帮助编校人员补充稿件专业领域的知识内容，弥补专业知识不充分的不足。

（二）提升性思维

有效开展编辑加工，能对稿件内容进行更好的润色，提升稿件质量。因此，应用提升性思维尤为重要，其能充分完善稿件内容，帮助编校人员对内容进行分析、选择、修改等。首先，可利用调整部分内容方式提升稿件整体性。如果稿件论点充分，但所用材料无法论证论点，此时便可调整稿件部分内容，保证稿件整体性。其次，可删减部分内容以提升稿件整体性。部分稿件语言存在冗长的问题，可对内容啰唆、烦琐的部分进行删减，使稿件更具完整性。

（三）整体性思维

编辑加工人员在整体和全局上有效观察与把握稿件，从而实现综合概括和客观分析稿件的目标。编辑加工人员的整体性思维需要以全局为着眼点，深层次分析稿件。良好的整体性思维不仅可以帮助编辑加工人员更好地把握稿件的思想和中心观点，而且可以帮助他们检查通篇结构、观点的合理性，一旦发现问题要及时修改稿件，从根本上提升稿件编校质量。具体而言，在稿件编辑加工中，工作人员要全篇阅读稿件，并以此为基础大致把握稿件的整体结构，仔细分析稿件观点，初步判断稿件思想与结构的合理性。

（四）选择性思维

选择性思维主要是指编辑加工人员使用逻辑性、整体性思维对稿件进行认真分析，也是以客观认知为基础进一步筛选和调整稿件的一种思维能力。在开展编辑加工工作时，要合理运用选择性思维完善和美化稿件。工作人员需要在有效比较、反复研读、仔细修改的基础上进行合理筛选，从而实现优化稿件内容和结构的目标。

具体而言，编辑加工人员的稿件选择性思维主要分为两个方面。一方面，通过调整稿件的某一个部分实现优化稿件内容的目标。比如，部分作者提供的材料并不能有效佐证某一个观点，这时编辑加工人员要科学梳理和筛选这些材料。再比如，部分作者提供的内容虽然很好，但是思路不够清晰，文章结构混乱、缺乏合理性，这时编辑加工人员需要有效调整文章结构，重点突出稿件的中心思想。另一方面，编辑加工人员要适当删除稿件的部分内容，以提升稿件的科学性与整体性。特别是对于那些烦琐的、啰唆的语段，要进行适当的加工、有效的删除，从整体上更好地提升稿件质量。

四、期刊编辑加工的通用技术

基于相关学者在编辑加工和编校质量检查实践中积累的生动、丰富的案例，可以总结出一套与知识和规范无关，与文稿具体学科内容也无关的编辑加工通用技术，即在"文稿自洽"的思想理念和"敏感多疑"的心理状态下，运用"瞻前顾后，以稿审稿"的技术手段，培养期刊编辑在编辑加工实践中发现问题、解决问题的能力，具体分析如下。

（一）标题与内容的比对

标题是对内容的提炼和概括，因此，标题与内容呈现的信息应当互相对应。比对标题与内容，往往能够发现二者不对应的问题。在编辑加工实践中，标题与内容的比对主要包括两个方面：一是比对标题与其下的导语是否对应，二是比对标题与其下的具体内容是否对应。

（二）文字叙述与图、表的比对

文字叙述与图、表的比对主要关注以下两方面的问题：图题、表题的文字叙述与图、表是否一致；正文叙述与图、表是否一致。编辑如无法确定是图题、表题和正文对还是图、表对时，应当向作者求证。

（三）时间的比对

比对文中出现的相互之间有关联的年份、日期等时间，观察它们之间是否对应、是否矛盾，并思考分析其是否合乎情理。特别需要注意的是，除了比对文中直接呈现的时间，还应比对该文内容中蕴含的时间，也就是将出版时间与文中内容成立或适用的时间进行比对，相关内容已经过时或有变化的，应当更新。

（四）专有名词的比对

期刊名、人名、地名、机构名等专有名词要求一字不差，因此对它们必须高度警觉和敏感。专有名词对编辑而言即便是陌生的，通过前后比对，往往也能发现其中的错误。

五、期刊编辑加工的常见问题

（一）政治性问题

政治内容是期刊的生命线，要给予高度的重视，严肃对待。从来稿审读到编辑加工，再到质检，政治性问题都是关注的重点。此类问题主要包括以下几方面：第一，政治方向问题；第二，文件引用有误；第三，错误观点和不当用语；第四，违反政策；第五，涉及港澳台；第六，涉及领土主权；第七，涉及对外关系；第八，涉及民族、宗教问题；第九，涉及色情、迷信、伪科学内容；第十，涉及保密问题。一旦发现稿件中涉及以上内容，编辑加工的时候需要格外仔细，要用规范准确的说法。

（二）语言规范问题

作者写稿时一般都在语言文字上进行过推敲，但又难免百密一疏。有的作者因为个人的写作习惯，常常会在稿件中出现用字、用词、用语、造句、语法等方面的不规范。现在的稿件一般都为电子稿件，要注意由输入不当引起的多字、漏字、错字等现象；注意稿件中"的""地""得"的使用，这个是很容易出差错的点；避免一些易错词的误用，如"青睐"而非"亲睐"，"挖墙脚"而非"挖墙角"，"主旋律"而非"主弦律"，将"差强人意"误认为"让人不满意"，将"首当其冲"误认为"首先、最先做某事"等；对于一些易错的短语搭配要格外留意，如"根据……"和"……显示""由于……"和"……导致"；调整和改正稿件中的病句，如成分残缺或赘余、结构混乱、不合逻辑、句式杂糅、单面对多面等。在一次换校中，有学者发现稿件中出现好几处将"城乡接合部"误用为"城乡结合部"的情况。根据《现代汉语词典》，"结合"有两层含义，一是人或事物间发生密切联系，二是结为夫妻；"接合"指"连接使合在一起"，故而此处应用"接合"。有的稿件还会涉及英文的标注问题，应注意是写全称还是简称、大小写是否全文统一等问题；另外，还要注意稿件中存在的繁体字。

（三）图片问题

作为经管类文稿的重要组成部分之一，图能够更加直观地展现文稿中的内容，尤其是文稿中的数据、趋势、流程性内容。经管类文稿中常见的图的类型有折线图、柱状图、饼状图、结构图、流程图等。下面将从格式和内容两方面来说明编辑加工图的过程中需要注意哪些问题。

1. 格式

关于图的格式，主要需要注意以下几方面问题：第一，图中内容及线条是否清晰，能否达到出版要求；第二，图片是否需要替换或调整（如果图是彩色的，图中用颜色对图例进行区分，黑白印刷的话则无法看出颜色，需要将图例替换为别的形式，以便能区分开图中的不同内容）；第三，图中如果有外文，是否需要翻译，以方便读者阅读；第四，图的格式是否规范，图中要素是否齐全，是否存在缺项的情况；第五，图是否可编辑，是否需要排版人员重绘，如果重绘，后续编辑加工稿件时则需要注意是否有画错的情况，包括文字、线的粗细、箭头的方向等。

2. 内容

关于图的内容，需要注意以下几方面问题：第一，图的内容是否与正文内容相对应（是否存在放错图片的情况）；第二，图的内容是否与正文中的表述相一致（图中内容与正文分析及结论是否一致，是否有前后矛盾的情况）；第三，图中的数据或文字是否准确无误（一是来稿内容是否有误，二是后续排版、修图过程中是否出错）；第四，如果不同的图中存在同一内容，是否存在前后矛盾的情况，尤其是位置相隔较远的图，比较不容易发现此类问题；第五，图中内容是否存在与现实情况不符的情况，或者图中数据较为陈旧，以此为根据进行分析或者预测的意义不大，是否需要对图进行调整或更新。

（四）表格问题

表格是能够直观比较数据、快速浏览项目、进行各种数据运算的一种书面表达方式。表格也是经管类期刊非常重要的部分，能够比较有条理地展现内容或数据的逻辑关系。在对表格进行编辑加工的时候，需要注意的问题与图较为类似，下面也从格式和内容两方面进行说明。

1. 格式

关于表的格式，主要需要注意以下几方面：第一，注意表格的正、反线及双细线的使用，以及表中各条线的位置是否正确；第二，全文所用表格的格式是否一致；第三，表格是否可以编辑，如果表格不可编辑，为图片格式，需重新录入,后续则要注意是否有录入性错误;第四,表中如果有外文,是否需要翻译,以方便读者阅读;第五,表格格式是否规范,是否存在缺项问题。

2. 内容

关于表的内容,主要需要注意以下几方面:第一,表的内容是否与正文内容相对应(是否存在放错表格的情况);第二,表的内容是否与正文中的表述相一致(表中内容与正文分析及结论是否一致,是否有前后矛盾的情况);第三,表中的数据或文字是否准确无误;第四,表中数据之间的运算关系是否准确无误,对于存在的特殊情况,是否已解释清楚,以便读者准确理解;第五,数据的计量单位是否符合规范,单位格式是否统一;第六,如果不同的表中存在同一内容,或者不同的表中的数据等内容存在关联,是否存在前后矛盾的情况,尤其是位置相隔较远的表,比较不容易发现此类问题,而同一章中的表往往存在前后关联性,需要仔细核查此方面是否存在问题;第七,表中内容是否存在与现实情况不符的情况,或者表中数据较为陈旧,进行分析或者预测的意义不大,是否需要对表进行调整或更新。

(五)参考文献问题

文章的参考文献是正文所引用的文字、观点等的出处的文献列表。参考文献的著录既体现出学术规范的要求和对原作者的尊重,也为读者的查验、研究提供方便。一般来讲,稿件中的参考文献著录主要存在两个问题:一是未标注引文出处,二是参考文献的著录格式不规范。

未著录引文出处很好理解,即有的稿件在引用其他文献或研究者的观点和表述时未能注明出处,这是稿件的编辑加工中常见的差错。尤其应注意明显借用他人研究成果的表述,诸如"有研究发现……""有研究者认为……"。如果作者未注明引文出处,应让其核实并补充相对应的文献出处,并列于参考文献列表中,保证文章的学术严谨性和规范性。

参考文献的著录格式不规范问题五花八门,如稿件中常用的参考文献类型及标识代码包括期刊(J)、专著(M)、报纸(N)、学位论文(D)等,书写混乱是常见的差错;有的稿件在罗列参考文献时,未能按照由前往后的顺序与正文内的引文一一对应,或在同一文献被多次引用时,未将其合并标注;译著未注明作者的国别、译者等信息;电子文献未注明引用日期;英文参考文献的著录格式问题等。另外,还要注意核实参考文献的真伪,确认出处的真实性。

六、提升期刊编辑加工能力的对策

（一）加深编辑对期刊规范化的认识

优秀的期刊不仅要有高水平的文章，而且要有规范的编排，二者是内容和形式的关系，缺一不可。编排不规范势必影响期刊的质量，甚至影响学术论文的科学性和准确性。有些期刊编辑对编排规范化的重要性认识不够，认为期刊能刊发出高水平的文章是最重要的，因而把精力放在组稿、约稿上，从而忽视编排规范化、标准化。因此，必须加强编辑对期刊规范化、标准化的重视，克服重组稿审稿、轻规范编排的倾向。

期刊编辑应该本着对读者负责和保证期刊信誉的精神，高度重视编排规范化，认真学习国家有关期刊规范化、标准化的规定，在编辑加工环节中不折不扣地执行这些标准和规范。一般来说，作者的稿件很可能在文字、标点、数字、计量单位、序号、表格等诸多方面不合规范，编辑必须予以纠正，精心加工，仔细核对，使编排格式、文字、语言、标点、图表、计量单位等符合国家有关标准的要求，从而提高期刊的质量和知名度，加速信息传递和交流，扩大期刊影响范围。

（二）培养编辑的合作精神和学习精神

编辑加工能力是编辑最基本的业务能力，是编辑的工作重心，也是编辑的看家本领。唯有沉下心来做好编辑加工工作，才能保证期刊的内容质量，才能实现期刊的社会效益。在编辑加工的过程中，编辑应秉承两大精神——合作精神和学习精神，提高编辑加工的质量。

1. 培养期刊编辑的合作精神

期刊编辑工作高效而紧凑，"单打独斗"是无法保证刊物质量的。因此，期刊编辑不能存在侥幸心理，应严格执行"三审三校一读"制度，确保出版流程正常有序进行。编辑人员和校对人员应当具有合作精神，对于别人提出的意见要认真核实、虚心接受；如果发现稿件有问题，也要有理有据地提出意见。期刊编辑部成员只有各尽其责、相互合作，才能形成合力，提高期刊的质量。

2. 培养期刊编辑的学习精神

期刊编辑所做的选题广泛，稿件细节繁杂，而且很多稿件涉及前沿问题和社会上涌现出的新事物，因而编辑需要具备持续跟进学习的精神。编辑的学习体现为平时的内功修炼和编辑加工时的学习。平时的内功修炼应以成为专家为目标，努力钻研自己所在领域的专业知识、专业经验，努力提高自己的专业水平。只有这样才能与作（译）者深度对话，才能在编辑加工过程中发现作（译）者没注意到的问题，以确保自己把好质量关，雕琢出精品内容。编辑加工时，应该坚持在干中学、在学中干。在编辑加工过程中遇到任何自己不懂或有疑问的地方，编辑都应查阅稿件所述事件的背景和事实资料，设法理清作者的内容逻辑，边干边学，判断稿件内容是否有理有据。

（三）提升编辑专业素质和业务技能

一是知识结构的既"专"又"杂"是提高编辑加工能力的关键。当今科学研究涉及的学科和专业较多，学科分支越来越细，许多学术问题的研究也越来越具有综合性和交叉性。某一学科的某个学术课题研究往往都会突破本课题的学科界限，进行跨学科、多学科的综合研究。这就要求期刊编辑必须具备组织和处理多个学科、多种文化领域稿件的能力，对各种知识的掌握要既博又专、博中求专、以专促博，应是"术业有专攻"的"杂家"和"外行中的内行，内行中的外行"；鼓励和支持编辑参与其他学科课题研究，在调研和研究中最大限度地了解其他学科最新的理论知识和发展方向，更加系统、及时地掌握其他学科的前沿信息及发展走势，增强学术敏锐性及提高判断力，只有这样才能更专业、更准确地对稿件进行评判和加工。

二是丰富的编辑专业知识是提高编辑加工能力的基础。期刊编辑要在极有限的时间内加工修改稿件，就必须有深厚的文字功底和娴熟的编辑技巧。因此要加强编辑出版专业知识学习，了解最新的编辑学科前沿动态，掌握先进的期刊规范化编排技能。支持编辑参加各类出版业务理论和编辑技能培训班以及相关学术会议，同时邀请出版专业方面的专家、学者介绍相关学科领域的最新研究成果，进一步提高编辑人员业务水平、学术水平、理论知识水平和解决实际问题的能力。

三是较强的新技术运用能力是提高编辑加工能力的保证。期刊编辑要切实掌握并熟练运用各种新技术、新工具，成为复合型人才。应用编辑处理软件，完成稿件加工、修订、核对工作，提高编辑加工效率；运用稿件编审系统，规范完善编辑出版流程，实现投稿、审稿、编辑加工、发行全过程网络化，实现编辑、作者与审稿专家的直接互动，提高编辑加工的准确性和公正性；在审稿、编辑加工、校对、出版和传播等各个程序中融入新媒体工具，有效发挥编辑的主导作用，进一步提升信息传播、获取、加工以及处理的专业技能。

第五章　现代期刊的装帧与校对

现代期刊的装帧设计以及校对过程是打造期刊文化软实力、提升期刊品牌影响力的重要手段，也是现代期刊高质量发展的重要内容。本章分为现代期刊的装帧设计、现代期刊的校对工作两部分，主要包括现代期刊装帧设计的重要性、现代期刊装帧设计的表现形式、现代期刊装帧设计的发展策略、现代期刊校对的含义及方法、现代期刊校对工作的优化策略等内容。

第一节　现代期刊的装帧设计

一、现代期刊装帧设计的重要性

从各类优秀现代期刊的装帧设计中不难发现，不同国家的现代期刊装帧设计都有着自己的风格和艺术特色，这源自于各民族、各种族不同的文化背景给予人们的不同的艺术灵魂。将本民族的传统特色与艺术风格融入现代期刊装帧设计中是设计师应该不断学习的一门功课。

（一）体现期刊高质量发展的重要内容

现代期刊的装帧设计是期刊高质量发展的重要内容。融媒体时代为期刊优化装帧设计提供了更多可能。当前，随着融媒体时代向纵深发展，传统的期刊媒体由初步融合走向深度融合之路。2020年9月，中共中央办公厅、国务院办公厅发布了《关于加快推进媒体深度融合发展的意见》，指出要以先进技术引领驱动融合发展，用好5G、大数据、云计算、物联网、区块链、人工智能等信息技术成果，深化传统媒体与新媒体的融合创新，专注期刊内容质量与期刊装帧设计，创新表现形式，增强传播效果。现阶段，处于转型期的传统期刊媒体正不断地突破自身发展的界域，从纸媒到数媒，力求实现多平台、多维度、跨媒体的视觉呈现。

新媒体背景下互联网的发展推动了各种新兴产业的发展，也影响和改变着人们的生活方式。近年来，微博、抖音、哔哩哔哩等网络社交平台的出现为人们个性化需求这一心理特征的发展奠定了基础。人类视觉感知的需求特征被放大，而这些特征决定了读者需要怎样的信息传递方式。人们获取信息的方式开始更加多元化、自由化，读者有了更丰富的接收信息的方式，受到了更新鲜的视觉享受和各种不同的审美趣味的洗礼以及不同文化背景内容的展现。这些都使得人们对于普通的大众化的文字内容和图像信息有了麻木感，失去了对其的敏感性。人们的观看习惯被分解，短视频和短文本内容在人群中越来越受欢迎，一方面是因为碎片式的信息恰好迎合了人们快节奏的生活方式，另一方面也与作为信息传递工具的书籍和期刊逐渐呈现出内容冗词赘句而设计生搬硬套的趋势是分不开的。这也是读者阅读审美取向越来越趋于个性化的原因，因此期刊的装帧设计也影响着期刊的发展。

（二）体现了技术与艺术的完美结合

装帧设计是期刊的形式和装潢，是一门综合性的造型艺术。现代期刊的装帧设计是一种平面的视觉传播形式，它以文字的形式来表达期刊的内容，使其成为有形的、具体的、可视的信息传递媒体。随着社会生活的进步，人们的审美水平不断提升，对期刊的欣赏程度也逐步提升到了对期刊的美学需求层面。现代期刊装帧设计在形式、表现方式上都要与现代化思想观念、价值观念、商业环境、生活节奏等方面保持一致。从项目的策划到出版，都是一种把企业和精神产品结合在一起的综合创新，它贯穿于期刊的设计和发行环节。同时，期刊的装帧设计也是按照造型艺术的美学规律和形式法则来进行的，它反映了作为一种文化载体的期刊的独特审美趣味与文化素质。整体而言，期刊的装帧设计是内容和形式表达的高度融合，是艺术和技术的完美结合，它不仅可以让人获取知识，还可以让人在精神上得到审美的愉悦感。

（三）增加了期刊的个性表达

优秀的现代期刊的装帧设计师可以通过巧妙的设计来创造非同寻常的艺术作品，其独特风格体现在期刊装帧设计的许多方面，包括外观、结构和布局等。个性化的表达不仅反映出期刊装帧设计师对于期刊图文的个人感受和对期刊设计的不同理解，更是在期刊装帧设计上展现了其独有的艺术美学追求。如今一些艺术家开始自己参与到刊载自己作品的期刊装帧设计当中去，从主题选择到后续印刷全程参与，从而增加了设计的自主性，更增加了期刊的个性表达，这种设计方法可以更好地表达作者的意图。

(四) 帮助读者深入了解期刊美

随着出版业的发展、现代期刊市场的日益开放，期刊的装帧设计成为出版业发展的重要组成部分。期刊的装帧设计作为一门独立的学科，是时代发展的需要。从简单到复杂，从单纯的记载到今天的艺术创作，期刊装帧设计在促进人类文明和文化发展方面发挥了重要的作用。同时，科学技术的进步也促进了我国期刊出版行业的变革，特别是计算机的普及和互联网的出现，使得期刊装帧设计有了更加广阔的发展空间。这就需要设计师把传统的设计方法与现代设计、美学理念有机地融合在一起，而不是死板地拼贴，这样才能在设计中既体现出传统的文化特色，又融入现代设计的气息。期刊装帧设计要勇于创新，增强期刊的艺术魅力。当代期刊装帧设计的基本任务就是让读者感受到视觉上的美感。期刊装帧设计是一种综合性的艺术表达，它以期刊的审美传达期刊的文化观念，在期刊中形成美的形象，以艺术的美来进行期刊产品的宣传与推广。设计师们将自己对期刊的理解用创造性的语言表达出来，从而影响到读者。在阅读文中文字、图片等信息的同时，也能体会到设计者所创造的阅读环境。不管是在欣赏封面还是在阅读文章的时候，读者都会被这一期刊的创意所吸引，并从中体会到它的美感。

二、现代期刊装帧设计的基本原则

(一) 保护期刊内容完整性

期刊装帧设计最初的功能是十分单一的，其首要原则就是保护期刊内容的完整性。其后才渐渐发展至阅读功能与美学要求的统一，并开始追求不是纯粹的为了装饰而装饰。

我国现代期刊的装帧设计始终具有整体设计感，这种期刊装帧设计理念反映了我国期刊的独特审美风格，体现着中华民族优秀的传统文化精神。不过从现代人的审美角度来看一些过去的期刊装帧风格，则略显得僵硬而乏味。如果不结合新的设计元素和新的技术而因循守旧，那么期刊装帧设计就很难满足现代人的生活需求。因此，随着时代的发展，出现新的现代期刊装帧设计艺术形态是不可避免的。

(二)把握思想舆论导向

装帧设计是现代期刊的一种重要表现形式，必须符合出版活动的规律，坚持出版工作的指导思想和方针原则，对关系到国家安全、政治稳定、民族团结、社会安定、政治立场、道德观念和弘扬主旋律的内容，需要特别认真对待。因此，在装帧设计过程中要采用合适的设计风格、版面配图、色彩搭配、字体字号等，把握正确的思想舆论导向，从形式上表明原则立场。例如，学术期刊要在体现学术性的同时，展现给读者一种积极向上、端庄高雅的表现形式。

(三)坚持功能性与美的结合

现代期刊装帧设计的发展和演变与社会和经济变化紧密相关。在新媒体时代，"个性"这个词语早已深深植根于大众的心中，科技的发展进步和网络的开放性已经激发了大批人群对精神和个性的追求。每个人都开始追求个性、时尚、潮流，对个性的追求已然成为当今年轻人最重要的标签。然而，设计师应该清楚设计的主要目的是"人"，这个"人"包括消费者也包括自己，所以一切的设计活动和创造表达都不能只一味迎合时代需求，脱离时代的浪潮去思考，不要为了追逐潮流去追求个性化，也不为了显现个性化而脱离主流的需求。书籍的装帧设计终究不是纯粹的艺术行为，最好的设计理念是寻求功能性与美学的完美结合。

(四)适应读者阅读习惯

要坚持贯彻为人民服务、为社会主义服务的理念。所以在现代期刊的装帧设计过程中应该着力解决读者遇到的问题，要站在读者的角度考虑问题，通过调查了解读者的阅读习惯，采取专业的技法引导阅读。例如，读者阅读期刊的习惯一般是"封一—封二—封三—封四—内页"，水平方向为由左至右，垂直方向为由上到下。这就要求刊头设计要视觉主体突出、注重刊名识别率。可将当期重点文章标题放在封面醒目处，把重点栏目放在刊首位置，版权页、目录及正文的编排要避免信息繁杂、元素凌乱重叠，图表的摆放要紧随对应文字以方便查阅，封二、封三、封四上可策划设计一些封面栏目、新闻和刊登一些绘画、摄影作品。这样既能有效表达主题，又能直观地传递信息，让读者一目了然，提升视觉效果。

（五）展现期刊个性特点

期刊如果没有个性就等于没有生命，一本期刊如果没有自己的个性特点，那就难以在读者心中树立起鲜明形象。抓住期刊的主要特征是寻求新颖表现形式的前提，在现代期刊的装帧设计工作中，编辑应根据期刊的办刊宗旨和读者对象进行恰当的装帧设计，以独特的形式去表现内容，用表现手法反映设计理念，不断吸取其他期刊的长处并学以致用，逐渐形成期刊自身的个性特征。另外，美术编辑应该有自己独特的设计见解和风格、较高的文化素养和丰富的专业知识，对所编辑的期刊有较深的理解和准确的定位，把学术性和艺术性结合起来，运用装帧设计展现期刊的个性特点。

（六）符合市场需求

市场需求是基于大众的消费者需求，精神需求则是追求文化和艺术的少数群体的需求，两者之间存在一定的关系。设计师在进行现代期刊的装帧设计时是无法完全抛开市场经济的限制、不计后果地只追求个性的表达的，而是在追求个性的时候充分考虑市场需求，在实现对个性的追求的同时，又能在一定程度上引起大众的些许共鸣。

（七）对传统艺术取其精华、去其糟粕

现代期刊的装帧设计是一种将视觉传达和造型相结合的设计，通过形象的塑造使文学的文字转化为视觉语言，使读者更加直观、深刻地感受到文学的美，从而增强了文学的艺术魅力。这就要求设计师注意到所有的变化，并且能够用可视化的方式来表达。即使是同一种类型的装帧设计，由于时代的原因，也需要对其进行相应的修改，使传统的形式更具现代感，更能满足当代受众的审美需求。设计者必须具有敏锐的满足特定时期审美需求的能力。

传统的艺术形式是一个国家或一个民族在历史上积累下来的文化和艺术的精髓。传统和现代之间有着紧密的联系，现代是对传统的延续。不管有没有悠久的历史，一个国家、一个民族都有自己独特的传统。人类的审美观是随着时间的推移而不断变化的，但是，民族的文化和艺术传统却不可避免地会对一个国家、一个民族的思想和价值观产生影响。继承传统的艺术形式，不能单纯地复制传统的图形要素，更要理解它的意蕴和意义。例如，有些是从它的形体特点和组成法则

中获得灵感，有些是用它的颜色，有些是从样式上来的。设计者不应该被限制在低级的使用层面上，必须在充分了解传统文化和人文精神后才能真正掌握其精华，让陈旧的装帧设计展现出新的面貌。

三、现代期刊装帧设计的表现形式

（一）空白在现代期刊装帧设计中的运用

1. 空白与现代期刊装帧设计之间的关系

根据《现代汉语词典》中的相关描述，空白主要是指版面、书页、画幅上存在空着、未填满或者是没有被利用的部分。通常情况下，现代期刊中会有图形、文字，被编排的内容就是版面中的"实体"部分，而空白就是未被放置内容的部分，也就是"虚体"。不管是"实体"还是"虚体"，都是现代期刊十分重要的构成内容，其对于期刊核心价值观念、思想、内容等的体现都有着重要的作用。空白的巧妙设计与存在能够为读者提供一定的视觉想象空间，而大面积空白又能带给人宁静致远的感觉，实现情感释放。我国是一个有着五千年悠久历史的文明古国，空白设计理念存在时间较久，空白是传统艺术中的重要组成部分，应用范围十分广泛。中国传统美学理论中也指出"空"与"白"是最具有影响力的审美境界，实现了虚实结合，有与无之间也能相互联系在一起，增强了艺术性，是一种高水平设计形式。

2. 空白在现代期刊装帧设计中的魅力

（1）简洁美

在当代审美趋势下，复杂烦琐的设计已经不再能很好地打动读者；相反，简约设计更能满足人们的审美要求，因此要倡导"少就是多"的设计理念。"空白"是一种以最简单的方式呈现出来的设计，它可以减少现代期刊装帧设计中的繁复成分，使期刊的版面变得简洁而精致。设计师通过形状和位置的不同组合，可以创造出不同的效果，给人一种简洁的视觉冲击力。

（2）淡雅美

正如前文所说，现代期刊的装帧设计除了更加便于读者阅读以外，对于提升期刊品质也有着重要作用。而期刊品质提升的关键就在于，在装帧设计时是否能够对期刊的整体风格、思路等有效把握，这样才能更为精确地凸显期刊内容，期刊品质也会有所提升。白色会给人一种素雅之感，给人干净、整洁、清晰等直观感受，而恰当地将空白应用于期刊的装帧设计中，可让人感受到淡雅、不经雕琢、质朴之美，增强读者的审美享受。

（3）轻松美

近几年，社会经济发展水平明显提升，人们的生活也进入快节奏的时代。不管是生活还是工作、学习，都以快节奏方式来完成，无形中增加了人们的生活压力。这就使得很大一部分人群会通过阅读来舒缓精神、放松身心，为期刊的装帧设计提供了一定思路。期刊中的空白部分好似音乐中的休止符，让人在纷繁的生活中能够获得一席休息之地，在停顿以后转而切换到下一章节，实现轻松阅读。

（4）形象美

虽然空白不能给人们呈现直观的图像，同时也较为抽象，但是将其有规律、有计划地应用于期刊装帧设计中，能够引起人们的无限想象。在中国古代便有"画留三分空"的说法，对空白运用进行了精确解释。通过在期刊中保留空白部分，能够为读者提供一定的想象空间，同时也可以进一步增强期刊的神秘感，留下无限想象、回味的空间。

3. 空白在现代期刊装帧设计中的展现形式

（1）期刊整体布局简约化

留白属于一种简约化思维形式，既是中国传统艺术理念的重要体现，同时又与当下社会审美需求相适应。因此，期刊装帧设计也可以引入"极简主义"思想，对空白加以合理规划，提高期刊装帧设计效果。首先，要注意期刊的整体布局，需要呈现简约化特色，这是极简主义风格的重要表现之一。不管是扉页、封面、内页等的搭配组合，还是文字、色彩、图形图案等元素的应用，都应以简约为主，减少复杂设计元素，避免出现"空白不白"的情况。其次，要带给读者一种清新脱俗、简约自然的体验感。期刊装帧设计在很大程度上都是以满足现下读者的客观需要为目的进行的，与以往设计形式、理念不同，空白不能随意设计，还需要设计师具备一定的理论知识，这样才能为整体布局设计提供指导。因此，设计师在设计过程中需遵循理论与实践相结合的原则，贯彻空白设计理念，将简约化思维作为重要方向；然后在整体与局部之间构建联系，处理好二者关系，使期刊装帧空白部分从整体、局部两个方面都能更为和谐，增强读者的主观体验与感受。

（2）搭配极简设计元素

由于"空白"本身给人感觉较为单一，若是不对相关要素进行合理搭配，就无法展现出设计意境与理念，最终效果也不理想。也就是说，设计元素将会成为"空白"装帧设计的重要载体与依托，当元素搭配不合理时，"空白"所带来的艺术魅力就会被削弱，无法彰显作用。这就要求设计师在设计过程中要结合以往的空白设计经验，参考设计素材，将各种设计元素和谐搭配在一起，给人以相辅相成、琴瑟和鸣之感，而不是一味毫无规律地堆砌、交叉与叠加。更多的是要在保留各自特色的基础上，将元素本身的价值凸显出来，增强空白自身魅力。

（3）期刊内部装帧留白

从期刊的组织结构来看，可以将期刊设计分成内、外两种。外部设计主要包括封面设计、书脊设计和封底设计，读者可以从这些设计的角度来判断期刊的品质；而内部设计主要包括内页和目录，内部设计都是隐藏在期刊内部的，不能从外面来判断，所以内部设计也可以叫作内页设计。

与外部设计相比，内部设计要复杂得多，涉及的内容也多，元素也要多样化，这是现代期刊装帧设计的关键。所以如果能在内部设计中合理运用空白，对现代期刊的整体质量会有很大的提升作用。在设计时要把握期刊的内部结构和结构特征，确保设计的一致性，从而更好地体现现代期刊的内容。

（4）多种空白设计形式

第一，左右对称留白。设计师可以采用左右内页布局对称空白的形式，也就是说，左右两页期刊分别采用不同的空白手法，可以是左页图片留白、右页文字留白设计，通过相互搭配的方式产生更加丰富的意境美。

第二，内页反差留白设计。反差留白是将传统设计与留白设计相结合，增加读者的选择权利，同时又能使其感受到阅读的多样性与趣味性，提升期刊品质。

第三，空间适度预留。若设计时没有考虑到空间布局，内页很有可能会以千篇一律的形式呈现出来，不具备多样性，甚至还会影响读者的直观感受；且文字、色彩、图片等元素以及设计手法应综合运用，增添留白审美趣味。

（5）塑造良好意境

期刊装帧设计是期刊出版中较为重要的一项内容，空白理念的融入与应用一方面是为了较好凸显期刊内容与个性，展现期刊特色；另一方面则是要营造良好意境，提升装帧设计品质，为读者带来更好的阅读体验。然而意境本身就较为抽象，如何构建意境、营造氛围则是现代期刊装帧设计中的一大难点。

于设计者而言，空白设计是将复杂烦琐设计进行简化的一个过程；于读者而言，空白是为了更好地阅读文章，增强自身感受与体验。因此，若是想利用空白在期刊装帧设计中创造良好意境，还需要多加揣摩、推敲才能实现。

从整体设计角度来看，空白在期刊装帧设计中的应用实际上是一个较为有序、相对完整的过程。思维逐渐转向实体作品，但意境却看不见、摸不着，若是想要创造好意境，除了要灵活运用各项设计元素，还应该从期刊本身着手，通过调整期刊形态、样式、表达内容等打造一个虚实结合的空白意境，提升期刊的设计质量。

（二）插画在现代期刊装帧设计中的运用

1. 插画与现代期刊装帧设计之间的关系

首先，插画艺术与现代期刊装帧设计实现了个体与整体的对立统一。将插画用于期刊装帧设计当中，不仅使期刊内容得到了延伸，为读者阅读文字时提供了想象空间，能帮助期刊作者更加准确地传达文章主旨，同时也能激发读者的阅读兴趣，增强读者对期刊内容的理解和记忆。插画作品是为整个期刊创作的，所以既要符合整本期刊的内容，还要具有完整性和故事性。这就决定了插画艺术在用于期刊装帧设计时，必须抛弃其作为一个艺术作品的独立性，以单一的个体从属于期刊。此外，插画艺术作品是一个插画师独立思想的外在表达，在插画师为一本书绘制插画的过程中，他的画面内容也反映了他对整本书的见解。因此，插画本身的艺术性又是脱离期刊而单独存在的。总而言之，插画具有艺术作品的价值和独特的美学魅力。

其次，插画艺术与现代期刊装帧设计实现了艺术性与实用性的融合。从插画在期刊装帧设计过程中的应用来讲，插画艺术作品能直接反映期刊内容，以插画艺术进行期刊封面设计也能装饰和美化期刊，吸引更多消费者的眼球。这凸显了插画艺术的实用性。从另一方面来讲，插画与期刊内容的融合使插画本身的内涵更加丰富，画面形象更加饱满，期刊的内容仿佛为插画艺术作品注入了灵魂，也使插画本身更具艺术性。

2. 插画在现代期刊装帧设计中的不同风格

（1）简约的风格

将插画艺术应用于期刊装帧设计时，简约的风格是应用最广泛的。简约化的插画通过白描的手法直观地表现期刊的故事情节，在人物造型、打斗等场景的刻画上，用简单的线条形成强烈的对比。相比于华丽复杂的画面，简约化的插画更具有视觉冲击力。

（2）浪漫与梦幻的风格

除了上文所说的简约画风，也可以运用夸张的手法，加入自己的想象力，通过丰富的色彩搭配将美好的事物体现在插画当中。插画师可以根据作者对未来的美好向往和对一些神话人物的梦幻描写，绘制出华丽而空灵的插画，满足读者对梦幻场景的想象。

（3）活泼的卡通插画风格

活泼的卡通插画风格在期刊装帧设计领域主要应用在低龄儿童与青少年期刊中。活泼的卡通设计风格和可爱的造型能吸引儿童和青少年的注意力，更符合他们的身心发展特点，受到这部分读者的欢迎。

3. 插画在现代期刊装帧设计中的展现形式

（1）在不同类型期刊装帧设计中的应用

首先，插画艺术运用最广泛的领域当属期刊。作为反映我国社会文化、进行舆论传播、提供信息和资料的重要载体，期刊的传播范围极广。期刊最大的特点就是以插画和文字为主要元素，非常注重版面和视觉效果。现代期刊中的图片有多种形式，既包括插画，也包括摄影或手绘图片。而现阶段，由于插画具有外观精美、内容表达性强等特点，在期刊中的应用越来越广泛。期刊内容较为简短，能使人们更快速地获取信息，所以将插画艺术运用到期刊装帧设计中，充分满足了现代人的审美需要。

其次，插画师将传统的文字艺术与现代美学有机结合，形成一个艺术整体。在期刊的封面和内容上，通过不同个体绘制出独特的插画艺术作品，能使原本纯文字化的期刊更加具有艺术美感，也能使单一的插画作品具有更加丰富的内涵。插画师可以通过卡通风格的插画自编自绘一些故事绘本，这些绘本不仅能给低龄儿童的教育带来更丰富的资源，其中的故事性和哲理性也能使更多的成年人得到启发。此外，插画艺术的引入也能使一些科幻类和神话类的故事期刊更具有画面感和感染力。

（2）在期刊排版与包装宣传中的应用

在现代期刊的装帧设计中，插画和文字在每一本期刊中的颜色、位置、比例等都有不同的处理方式。例如，儿童类期刊的插画风格往往偏卡通，并且在排版过程中画面所占的比例比文字所占的比例要大，这样更符合儿童的注意偏向特征。另外，在排版的过程中，还要注意将图片与文字紧密联系起来，展现出故事的连贯性和节奏性。一般情况下，文字中的插画是通过半页插画、通栏等形式进行排版与表现的，其中不同期刊版式的插画应用都有着不同的特点，如半页插画、全幅插画等；并且由于各类期刊的宽度和页面材质不同，要根据不同的期刊类型将插画图片合理地放置于期刊版面的最上端、最下方或中间等部分。

插画艺术作品也广泛应用于期刊包装宣传过程中。由于插画作品画面简单、直观清晰、较易辨析，十分适合应用于期刊的包装宣传。并且插画可以很好地对期刊的内容、人物形象以及情感特征进行妥善处理，通过一定的绘画技法对视觉形象进行深层次的加工，完整、准确地传递期刊信息，让读者在接触期刊的时候就能够大致了解期刊的内容以及要传递的情感。

四、现代期刊装帧设计的发展策略

（一）坚持国家的理念、政策

2020年5月，新闻出版署印发了《报纸期刊质量管理规定》，这是我国首个专门针对报纸、期刊质量做出要求的规范性文件。2021年3月公布的《中华人民共和国国民经济和社会发展第十四个五年规划和2035年远景目标纲要》明确提出要发展社会主义先进文化，提高国家文化软实力。2021年5月9日，习近平总书记在给《文史哲》编辑部全体编辑人员的回信中指出，要让世界更好地认识中国、了解中国，从历史和现实、理论和实践相结合的角度阐释如何更好地坚持中国道路、弘扬中国精神、凝聚中国力量。这就需要期刊装帧设计工作者同心同德、共同努力，推动中华优秀传统文化的创造性转化、创新性发展。

（二）培养社会责任感

其实，社会责任感并不只是新媒体时代才要求期刊装帧设计工作者加深对自身职责的认知和理解，而是每一个时代的每一个职业工作者都应该对自己这么要求，且必须与时俱进、不断提高自身素质。但是，之所以如此慎之又慎，就在于如今不再是少数人接触文字、少数人创造内容、少数人相互交流的时代，人们不再仅仅关注自己和自己眼前的生活，网络、自媒体将所有信息公开展现给所有识字甚至不识字的人们眼前。在这样的时代背景下，期刊装帧设计师更应该具备前所未有的社会责任感。

（三）坚持正确的出版导向

十九届五中全会指出，坚持创新在我国现代化建设全局中处于核心地位，要坚定文化自信，繁荣发展文化事业和文化产业，推进社会主义文化强国建设。要回应时代需求，关注新技术革命带来的机遇与挑战。首先，期刊装帧设计工作者要有很强的政治意识，始终坚持马克思主义新闻出版观，坚持底线思维，坚持正确的导向和办刊方针，坚持社会主义先进文化的前进方向。其次，作为出版工作者，必须把意识形态放在首位，在任何情况下都要遵守出版规则，坚持正确的思想引领，守正创新；牢记在出版工作中宣传党的方针、政策，严把政治关，弘扬主旋律，传播正能量，坚定"四个自信"，做到"两个维护"，践行社会主义核心价值观；保持政治清醒和政治定力，确保期刊的装帧设计不离主业、不偏主责、不迷失方向。总的来说，高品质的期刊装帧设计的政治导向高于一切，责任重于泰山。最后，应坚持把社会效益放在第一位，围绕国家发展战略进行选题策划。要突出问题意识，注重理论深度，服务我国哲学社会科学事业，引领学术潮流，解答时代问题，为推动社会发展进行学术探讨。

（四）坚持文化的传承与发展

所谓的传统是万物中所包含的精神、制度、风俗和代代相传的观念，传统是一直重复存在且不断强化之后随着时间的不断推移所沉淀的结果。传统具有相当强的稳定性，但传统又不是固定不变的，而是经常变化的，只有新的出现，过去的才成为旧的。时代发展至今，期刊不断发生变化，人们在制作期刊的过程中也不断创新期刊的形态和期刊装帧设计，期刊和期刊装帧设计随着时间的推移而发生了很大的变化，但没有变化和最不该变化的就是一个国家文化的传承。我国优秀的设计作品应该是不过分强调"中国元素"，但又应该具有中国韵味，在期刊的装帧设计中应该融入中国书法韵律、山水画的留白与虚实和古文、诗歌中的韵律节奏。传统文化就像一座金矿，等待着我们去继承并以新的方式去发现和提取新元素。在不同的时间节点回首过往，我们都有不同的感悟与体会。当我们身处新媒体时代去回望传统文化时，看到的是传统与现代的碰撞，古代文人画中的独立精神、个人思想及其个性之美，正是我们这个信息沟壑纵横、人们盲目随波逐流而不知去往何处的时代所缺失的东西。从传统文化中汲取营养的现代期刊装帧设计绝不仅仅是运用中国红和中国结这些简单的中国元素，而是创造出对所有人都具有中国式吸引力的作品。我们必须铭记中国传统文化之精神，成为我们自己文化的代言人。

（五）提高创新意识和创新能力

在一定程度上来说，期刊引领了学术创新，积极引导了学者开展对中华优秀传统文化的学术理论研究。因此，在期刊装帧设计中要提高创新意识和创新能力。一是在选题和方法上要有所创新，通过交叉与融合产生新话题，运用两种或者多种学科知识解释或分析问题，使得不同学科背景的读者产生共鸣。二是善于发现并跟踪国外的最新发展动态，准确理解、深入研究，结合我国国情进行借鉴。三是组织线上或线下会议，开展学术讨论和交流，构建好的研究平台，让高质量的研究成果能够更及时地展示出来。高水平的学术期刊可以开设专栏，引导作者持续围绕近期的热点议题展开深入讨论，运用正确的研究方法分析问题、解决问题，产生新知识、提出新观点，从而在一定程度、一定范围内形成、强化学术热点，进而起到一定的学术引领作用。高质量的期刊应该有推动形成学术热点、主动引领学术方向或趋势的自觉、自信与担当，将研究与时代相结合，与国家发展相结合。

（六）材料的选择与文本内容的统一

要想让读者购买到自己心仪的期刊，不仅期刊的视觉设计非常重要，期刊的触感，也就是纸张的选择也是装帧设计十分重要的一环。印刷材料与期刊文本一样承载着书的内容，文本内容也通过印刷材料表达了期刊的形式美。正确选择材料所产生的秩序感和美感能够增添期刊内容的强烈视觉表现，而不是打开每一本期刊都是同样的纸张、同样的触感、同样的视觉感受。期刊纸张的千篇一律符合市场经济中利益最大化的标准要求，但这对装帧设计而言绝对不算是最好的选择，可是最昂贵的材料也并不总是最好的。对材料进行选择，是以便材料在期刊装帧中可以发挥其自身的功能，表现文本作者与期刊装帧设计者想要表达的东西。设计师需要全面了解各种印刷材料的性质、视觉与触摸的感受，根据文本内容的不同进行调整组合且多样化的材料选择，并通过比较各种材料来追求内容与设计的统一性。选择合适的材料不仅可以提高文本内容交流的效率，而且可以引申出期刊的内在含义。正确理解期刊的内容是期刊装帧设计师努力的基础，并根据不同期刊的不同内容所展现出来的不同的情感表达选择正确的材料。材料和期刊内容表达的有机结合可以实现内容和形式的整体统一，从而创造出独特的有别于同类型期刊的审美体验。

（七）紧跟数字化脚步

期刊装帧设计是期刊生产加工流程中的一环，在出版行业快速发展的今天，期刊装帧设计得到了广泛的重视。而数字化进程的加快不断影响和引领期刊装帧设计的发展，这不仅是因为现代艺术设计在一定程度上离不开数字化，而且也因为读者市场的审美需求发生了变化。随着社会的不断发展以及工作和生活节奏的不断加快，人们需要更高效、便捷的阅读方式。正如前文所说，以往纸质的期刊装帧设计需具备观赏性，通过外观吸引读者的关注，将期刊的阅读功能和审美功能统一起来，使期刊具备更多的文化内涵和艺术价值。而数字技术为现代期刊装帧设计提供了更大的个性化创意空间，电子书设计也成为期刊装帧设计的新方向。强化相关知识和技能的运用，成为提升期刊装帧设计质量和控制制作成本的关键。值得一提的是，虽然由于受电子书的影响，纸质期刊受到了冲击，但是期刊装帧设计的概念却越来越受到关注。期刊装帧设计的质量和美学水平会直接影响到读者对期刊的购买欲望和对期刊内容的解读。期刊装帧设计不仅应注意运输和储藏的便利，而且还应注意最重要的一点——美学功能。在许多艺术家与设计师的共同努力下，期刊装帧设计也正在朝着技术与艺术相结合的方向发展。科技的进步在不断优化我们的生活，即便是那些对于科技秉持着警惕和批判态度的人群，也不得不承认科技使我们生活的各个方面都有了不同程度的改善，而新媒体时代科技与现代期刊装帧设计的碰撞也应朝着技术与艺术完美结合的方向发展。设计需要向多个方向发展，而期刊装帧设计的本质是有意识地设计信息的视觉表示形式，以使期刊的内容更容易被接受。

第二节 现代期刊的校对工作

一、现代期刊校对的含义及方法

（一）现代期刊校对的含义

对文稿进行校对是提高期刊的质量、减少文章内容错误的重要环节，通过校对，期刊的编辑和作者都能再一次形成对文章的认识和理解，从而对文章进行优化。所谓"失之毫厘，差之千里"，一个字甚至是一个标点的使用错误都有可能曲解文章的意思，从而引起难以挽回的后果。尤其是科技类期刊文章，细微处的文字表达会直接影响整篇文章的科学性。如果一本期刊上错别字连篇，语法错误，句读乱用，语句不顺，文不达意，读者花钱买了这种期刊会感到非常气愤，有上当受骗的感觉，那么读者以后再不会买这种期刊。由此可见，狠抓期刊的校对质量意义重大。

（二）现代期刊校对的方法

1. "三校一读"制校对方法

新时期校对工作中的"三校一读"校对法与传统的校对方法大不相同，并被时代赋予了新的含义。过去传统的校对模式是纯人工校对，由于科学技术的迅速发展和计算机的广泛应用，如今的校对稿件已经由纸质稿件转变为电子稿件。另外，由于信息技术时代下黑马校对软件在出版行业的迅速普及，新的"三校一读"方式出现。在新时期的校对工作中，在初校的过程中，已经实现了对全稿的通篇阅读，并完成了全文的技术性统筹整理工作，如修改错别字、标点符号等文字性差错。

（1）一校

通常此次校对任务最重，要消灭90%以上的问题，不仅要注意语句、文字、标点、图、表、参考文献等有无差错，而且对存疑之处也要进行核查。一校是奠基工程，是整个校对工作的基础，直接影响到以后各个校次。这时需要注意细校过程的连贯性，需要全神贯注、一气呵成，不要断断续续、间隔太久，保证对文章理解的细致性、深入性与整体性。

（2）二校

必须先对一校结果进行核红再做校对。首先，检查一校标红的问题是否都已改到位以及有无错改。由于一校时的差错涉及方方面面，改校样时很可能改错。例如，改的位置错误导致旧错未改而产生新错，看错文字或字母，还可能误触键盘生出新错。其次，需细查先前有错的相关行及其周围行，看上次核红处的四周有无变化。例如，字符有无涨缩，文章格式排版有无差错，是否由文字或图、表改动等导致了版面改变。最后，注意全刊体例及版面格式的统一。此时，由于文字不会大变，可以利用校对软件进行机器校对一次，作为人工校对的有力补充，重点检查文字有无错误。当然，机器校对也可以在别的校次进行，这可以由责任编辑自行决定。因为一校往往改动较多较大，所以机器校对通常会在第二个校次及以后进行。

（3）三校

将二校的错误改正后，继续检查校样上的差错，经过前两次的校对调整，所有项目已各居其位。这时需要检查图、表是否美观，行首行尾有无不规范的表达，如有无不能断开的字符和词。同时检查整本期刊的四封、中英文目次页、篇名、作者信息以及转接页有无错漏等。

2. "交叉三校"制

在新时期的校对工作中，校对人员与编辑人员交叉校对的"交叉三校"制得到了广泛的运用。交叉校对的一校主要侧重于电子原稿的校对，即在电子原稿上对校对中存有异议的内容做出标记，并和作者沟通，以解决一校中出现的问题。二校工作由责任编辑进行，其主要工作是检查一校的错误是否改正，并对一校中遗漏的问题进行处理。另外，修正稿件版式上的错误，统一稿件的体例。完成以上步骤后，二审编辑进行稿件的审核工作，即处理责任编辑未能解决的问题，消除文稿中可能出现的全部错漏。最后交由执行编辑负责三校工作。校对工作进行到三校时，基本只有一些不太引人注意的地方可能会遗留下细节问题，如稿件前言、后记和附录等不列入正文以内的部分。另外，执行编辑还需要注意处理好稿件中涉及政治的问题。

3. 清样校对

清样校对作为印前的最后步骤，是校对工作中至关重要的一环。印前的检查工作主要包括稿件各部分内容、格式、排版的最终检查与调整，即检查稿件文字格式、字号大小是否有误，插入的图片的图注、位置、尺寸大小、分辨率是否匹配，装订的页码顺序、书眉是否正确。另外，还需注意检查纸张的规格、版面大小是否一致。在清样校对工作中，要时刻保持耐心仔细，不可马虎应对。

二、现代期刊校对的必要性

（一）严格执行法规政策的需要

2018年以来，国家对出版物的内容和质量更加重视，出台了一系列法规政策，如《关于加强和改进出版工作的意见》《报刊出版单位社会效益评价考核试行办法》《图书、期刊、音像制品、电子出版物重大选题备案办法》等，都对出版工作的高质量发展提出了新要求，为期刊质量提升指明了方向，为期刊质量保驾护航。期刊在文稿写作和排版的过程中会发生各种各样的错误，如果不对稿件进行校对，稿件的质量会大打折扣。新闻出版署1997年颁布的《图书质量保障体系》规定，必须坚持"责任校对制度"和"三校一读制度"。三校一读制度是传统的校对工作制度，一般书刊都必须经过至少三次校对（初校、二校、三校）和一次通读检查后才能付印。三校必须由出版单位内具有中级以上出版专业职业资格的专职校对人员担任。这个制度是校对的基本制度。除此之外，还有样书检查制度、责任校对制度等,每一次校对都是对稿件质量的提升,使稿件质量不断得到提升。

(二)保障准确表达作者的意图

习近平总书记在哲学社会科学工作座谈会上指出,发挥我国哲学社会科学作用,要注意加强话语体系建设。由此可见,学术交流是加强话语体系建设的重要环节,而学术类的期刊在这一环节中发挥着不可代替的平台作用。其实不管什么类型的期刊,我们只有做到对校对工作认真负责,保证期刊的质量,才能够准确传达作者的观点和意图,展现给读者正确的知识、信息,推动各个专业领域的发展,真正体现现代期刊的社会价值,产生积极的社会效益。

(三)履行编辑人员的工作职责

对于期刊编辑人员来说,期刊的校对工作不仅是一项工作和任务,更是一种责任。正如前文所说,期刊的校对工作不仅关系到读者的认知活动、学者的学术交流,甚至会关系到国家的政治、经济、历史等多方面的问题。由此可见,校对工作的责任重大、任务艰巨。

(四)提升期刊出版质量的需要

质量是期刊发展的生命线,提升期刊的质量是出版管理部门、主管主办单位、出版单位常抓不懈的工作。出版之前的审读就像产品的质检,合格产品一定要经过各个环节的严格检验,同样,精品期刊也一定要经过严格审读。《报纸期刊质量管理规定》第十二条规定,期刊内容质量、编校质量、出版形式质量不合格的,由省级以上新闻出版主管部门依据《出版管理条例》《期刊出版管理规定》等相关条规责令改正,给予警告;情节严重的,责令限期停业整顿,或由原发证机关吊销出版许可证;期刊出现严重质量问题的,出版单位应当采取收回、销毁等措施,消除负面影响。可见国家对期刊质量不合格的处罚措施是十分明确的。期刊会存在出版形式、格式体例、图表等方面的差错,有时也会产生严重的内容导向问题。例如,有的期刊因不当使用图片而违反了《出版管理条例》,出现了严重的政治性问题,致使被停业整顿。

(五)完善优化审校流程的需要

"三审三校"流程主要是对文章的内容和文字进行编辑和校对。大多数人处于专注状态时,注意力会集中于某个点,很难兼顾全貌。例如,专注于期刊内容质量时,编辑难以字斟句酌地去挑出文字、标点符号、格式体例方面的差错,或是难以同时把所有出版形式差错完全找出来。因此,如果在定稿后、印刷前没有一次对整体出版物的检查,就很容易在抓主要矛盾的时候忽略非主要矛盾,在抓矛盾的主要方面的时候忽略矛盾的次要方面。而非主要矛盾、矛盾的次要方面对主要矛盾、矛盾的主要方面发挥着重要的反作用,它们在一定条件下还可以相互转化。不要在矛盾转化,也就是出版形式、格式体例、插图表格等出现严重问题时才开始意识到其重要性。

三、现代期刊校对工作存在的问题

校对质量一直是出版行业比较重视的问题,所以每年都会有编校质量抽查。校对质量一般体现在字词差错(包括错别字、多/漏字)、标点符号错误和数字用法错误。有的甚至在出版之后还能发现语法错误,如用词搭配不当、语义重复、成分残缺等在编辑加工环节就应解决的问题。作为期刊编辑,相对于出版社的图书编辑而言,前者编辑校对的文字量并不算多,但即便如此,期刊的校对质量仍然堪忧。

(一)字词的差错

字词的差错是最为常见的,有时打开一本杂志或其他书籍就可以看到。例如,"由此可见,未来学家的警语很可能是言者谆谆、听者了了"中的"了了"实际上是"寥寥";"艳红接着回信,像是从李清照那里引来的:昨夜寒蛩不住鸣。惊会千里梦,已三更"中的"会"应为"回",引的也不是李清照的词,而是岳飞的。

(二)标点符号错误和数字用法错误

标点符号在校对过程中经常容易被忽略,例如,"(2)、控料后,要严密监控,不能发生阳极效应。"此处"(2)"与"、"不应同时使用。数字用法存在使用不当之处,不该用数字的地方用了数字,如"几10米、数10人、51国际劳动节"等;数字用法全书不统一,数字书写错误或不规范,如"6百元"(应为600元)、"3万5千人"(应为35000人或3.5万人)、"40~60%"(应为40%~60%)、"2~6万km"(应为2万~6万km)等。

（三）语法错误

还有很多语法错误，例如，"她用慈母的情怀抚平我们因失去父亲变成孤儿的痛苦带来的创伤""一座大院里驶出了一辆拉满了物品的手扶拖拉机，喷着直冲云天的黑烟"。这样的语法错误在很多期刊上层出不穷。

（四）图注不完整

图注是对插图的补充或对插图中各种元素符号等的注释和说明，能够提高插图的可读性，帮助读者准确理解插图内容。图注缺失或不完整问题在日常的校对工作中也很常见，具体表现有很多，例如，图注整体缺失；插图中各图形、符号等元素注释不完整，少注、漏注；插图中图形或符号与图注中的不对应；图中和图注的序码不连贯、不一致，出现漏码、多码；图注重复标注；各注释之间缺少标点符号。

四、现代期刊校对工作的优化策略

（一）明确校对的内容和标准

校对人员只有始终明确校对的内容，充分把握校对的标准，才能推动校对工作的顺利进行。校对时要以真实、准确地反映原稿内容为工作标准，在原稿的基础上检查文字、标点符号、计算公式、图片表格的内容与格式是否规范，再对页眉页脚、附录注释、页码等进行校对检查。在整个校对过程中，必须保持严谨的工作态度，不得随意对校样进行增减、删除，对于原稿的错误、疏漏和有争议的部分，要做出明确的标示，与作者沟通后做出正确的修改。在修改时要严格执行新时期的校对制度，保证校对工作的高效完成以及出版物的高质量出版。

期刊的编辑完成编辑加工后，整理出相应的电子文稿交付排版。排版后的稿件，编辑部要严格执行作者初校、责任编辑三校以及主编通读等流程。编辑需要精通校对理论和各类规范，在"一校"过程中，主要针对稿件排版上的错误，包括文字、数字、标点符号、图表、量和单位、格式等错误以及原稿错漏和不妥之处进行纠正。"二校"中确定"一校"校出的错误已改正，纠正版式错误，并对文稿中的疑问予以处理，查漏补缺、统一体例。"三校"中检查"一校""二校"遗留的错误，并确定校出的错误已改正，对校样进行综合检查，清除差错，确定版面格式。每次校对过程均由不同的责任编辑进行互校，且每个校次都要核对上一校次的校改是否正确、规范，校出的错误是否已改正。经过三次校对的稿件再交由本刊主编进行通读。主编负责检查稿件有无错字、漏字，表格与插图是否合乎规范，字体、字号使用是否正确，参考文献是否准确无误等，主编签字确认后方可交付印刷。每次校样上均标明校次，以防出现差错。

（二）要有责任心

校对工作需要有一定的经验累积，尤其是要有认真、严谨的工作态度，要按流程逐字逐句进行校对，不能急于追求工作效率。编辑在校对过程中还需要将出现的错误记录下来，时常翻阅、复习，并同经验丰富的校对编辑进行交流、学习，加深对于问题的印象，以免今后再次出现同样的错误，保证将稿件的差错率控制在国家规范以内。

（三）提高工作效率

在初审阶段，由于作者对期刊格式规范方面的内容，尤其是图、表、公式、参考文献等格式要求了解不深，修改后的稿件不能完全符合发表要求，而且在外审环节还对稿件内容、图表等进行了进一步的修改。因此，在编辑加工阶段编辑会提高修改标准，再次将格式模版发给作者进行细致的格式自查和修改，并在文章首页添加标引信息，让作者承担简单、初级的编辑工作，以便编辑集中精力修改文章内容，提高工作效率。稿件的格式和编排需参照各项国家标准。例如，参考文献需参照国家发布的《信息与文献：参考文献著录规则》；还需要对稿件中出现的数字、字母、标点符号、公式、拉丁名等的写法进行规范；检查各级标题以及图表是否按照文章内容的顺序排列等。参考文献部分是编辑加工花费时间较多的地方，需检查参考文献引用格式是否规范，是否可以针对各期刊编辑部参考文献的格式要求进行量身定制。可在 word 稿件中直接对参考文献中的错误自动识别，辅助编辑提高参考文献的修改效率。

为迎合校对模式的智能化发展趋势，校对人员应不断学习和掌握先进技术，能够熟练使用各种软件、智能审校系统开展校对工作，在线完成稿件内容比对、分析，随时通过上网查询完成信息正误的准确判断。在短时间内，校对工作并不能完全脱离纸质稿件，但使用数字扫描等工具能够迅速完成稿件电子化处理，然后利用自动校对技术完成稿件的初步校对，使校对效率得到提高。在熟练应用各种校对软件和智能化系统的基础上，校对人员可以逐步脱离纸质稿件载体，熟练开展数字化校对工作，使校对工作能够与前期数字化采编工作有序衔接，使出版速度不断得到加快。结合稿件出版全程数字化的发展需要，校对人员应加强有关技术的学习，通过不断实践形成科学的数字化校对流程，加强校对工作方式和技巧总结。此外，在技术引进和学习方面，校对人员应到同行业出版企业学习和交流，加强数字化出版发展情况的差距比较，加强对行业先进技术的把握，有针对性地提高自身技能和技术水平，成为引领校对工作发展的行业表率。

（四）精准把握校对重点

正如前文所说，期刊的编校质量检查包括文字差错、标点符号差错和格式差错，这也是期刊校对的重点。校对人员要有质疑的意识和习惯，利用"切割式"阅读，精准把握校对重点。

1. 文字差错

文字差错是期刊编校差错率计分较高的项目，校对人员要能一眼看出常见错误。例如，"上个世纪"应为"20世纪"，"首先""其次"后不接"第三""第四"而应为"再次""最后"，"差生"应为"学困生""后进生"，"一带一路"是"倡议"，"澳大利亚"不能称为"澳洲"，"由于"后面要有主语，"使"误用造成句子缺少主语，英文字母o不应与阿拉伯数字0混用，正常论述不能用繁体字等。

2. 标点符号差错

校对人员要注意防止冒号套用；分号之间不能有句号；课程名称、活动名称和奖项名称不能加书名号；省略号要注意英语与汉语格式上的不同；外国人姓名间的分隔号要居中，避免用小数点代替；英文不能出现书名号和顿号；中文句子夹杂英文句子要以中文句号结尾。

3. 格式差错

格式差错既要注意个别格式差错，又要注意全刊编排体例统一。例如，全文和全刊各级标题字体、字号是否统一，序号是否连续，二级标题是否转行，三级标题是否紧接下文；图、表序号是否连续，图、表与文字字体、字号是否一致及位置是否规范，表格数据有无统计问题，转页表格是否有表头，是否标明"续表"；行首、行末是否有排列不当的符号；作者简介格式是否正确、统一，籍贯是否去掉"省""市"字样；基金项目号是否使用括号，是否位于收稿日期与作者简介中间；责任编辑是否署名；参考文献在正文中的标注是否正确、规范，与文后著录是否一一对应，文献著录格式是否正确，各项信息是否完整。

(五）不放过任何错误

在数字出版环境下，校对人员需要面对繁重的校对任务，高效、高质量开展校对工作，从源头上加强出版物校对质量把控。加强实践经验总结可知，在校对客体发生改变的情况下，文字类错误多为字词、语法和规范类错误，各种错误可以进一步划分为低频和高频错误类型，从而有针对性地开展校对工作。技术性错误主要集中在目录与分级标题一致性、文本表达逻辑、同音异形字等方面，常识性错误集中在不同地域、时期的表述等方面，科学性错误集中在数字、数据准确性及真实性等层面。对思想性错误进行校对时，需要关注作者对国家政策、文件、领导讲话等内容的理解水平，确保政治方向正确。针对不同错误分析差错来源能够发现，差错产生原因可以划分为原稿自带、编辑加工出错、电脑排版错误三类，通过加强反馈能够从源头上减少错误的发生，做到坚守出版物质量防线。

(六）加强理论与实践学习

随着网络时代背景下出版行业的不断发展，校对工作也被赋予了新的含义。出版单位要加强对校对人员的培训工作，让校对人员通过学习校对专业理论知识不断充实自己，进而提高自身的专业素质。校对人员可以根据日常工作需要建立个人独立的校对库，熟练掌握各项先进的校对技术与工具，在实践中探索高效的校对方法，以提高校对工作的效率。另外，由于现代学术研究具有较强的跨专业性，因此校对人员要不断拓宽自身的知识面，在日常工作中重视多方面信息的积累，以便适应新时代校对发展的需求，不被行业淘汰。

(七）完善培训与监督管理体系

校对人员需要在实践工作中始终保持正确的工作态度，积极解决校对过程中出现的各种问题，同时不断吸取教训、总结经验，为后期校对工作的顺利开展打下良好的基础。要妥善严谨地处理校对的出版物中出现的问题，不能掩盖或者隐瞒其中的错误，及时高效地处理以保证出版物的质量。出版单位需重视校对人员专业素质与综合能力的提升，根据实际工作的需要定期开展校对人员培训活动，激励校对人员在日常工作中通过专业知识与技能的学习不断充实自己，提升工作效率。另外，需定期举办校对工作座谈会，集合校对人员探讨日常工作中遇到的难题，总结工作中存在的不足，并共同研究出行之有效的解决办法。还要制定奖惩分明的工作机制，提高校对人员的工作积极性和工作效率，建立并完善校对人员的监督管理制度，加大日常校对工作的管理力度，为出版高质量的刊物提供保障。

（八）完善校对工作人员知识结构

在数字出版环境下开展校对工作，校对人员不仅需要拥有较高文字水平和文化素养，同时需要涉猎多学科知识，才能从容应对日渐复杂的校对工作。因此，校对人员应完善自身知识结构，以成为"杂家"为目标，成长为优秀校对工作者，积累丰富的校对经验，确保校对工作质量和效率可以同时得到提高。在日常开展校对工作过程中，校对人员应保持"活到老，学到老"的态度，注重点滴积累，确保自身知识广度和深度不断增加，能够为现代校对工作提供辅助。针对平时发现的稿件错误，需要分门别类地统计，划分为常识性错误、文字性错误、思想性错误等多种，通过系统梳理总结提出规避错误的措施，展现自身良好职业素养。在知识不断更迭的时代，校对人员应做好学习时间的安排，定期更新和补充编校理论知识，在工作中则要从细节着手，致力于打造精品出版物。此外，校对人员应掌握使用频率较高的新标准和新规范，使原本知识结构得到更新。针对不常用的标准和规范，校对人员应确认查找路径，在有需要时及时根据权威信息做出科学判断。

（九）跟紧时代潮流，利用网络技术

利用好合适的采编系统也是很重要的，随着网络技术的发展以及编校技术的进步，期刊出版单位需要选择一套优质、高效的采编系统。完善的采编系统可以实现编辑加工、排版、校对的线上协作。目前，国内较多的中文学术期刊采用的是北京玛格泰克科技发展有限公司设计开发的采编投审稿系统与纸质版稿件编校相结合的传统工作方法。据了解，中国科技类学术期刊国际传播平台是一个以科技学术期刊为主要传播对象的出版平台，该平台具有符合国际标准的 XML 结构化数据和网刊发布系统，可实现稿件结构化排版和在线校对等功能，还具有学术查重系统、审稿专家自动推荐系统等模块，功能较为强大，可以极大提高编辑部的工作效率。

第六章　现代期刊编辑出版后期工作及出版技术的变迁

本章包括现代期刊编辑出版的后期工作、现代期刊编辑出版技术的变迁两部分，主要内容有期刊的宣传及发行、构建读者反馈机制、期刊编辑出版技术的发展历程等。

第一节　现代期刊编辑出版的后期工作

一、期刊的宣传及发行

（一）期刊宣传的方式

1. 进行社会化宣传

在国家级、省级、市级党报上发布期刊简介、名家评析、精彩摘要；在樊登读书、掌阅等平台做期刊推荐；制作短视频在抖音、快手、小红书等平台上发布，请主播在网络中对期刊进行推荐；在线下书店邀请专家举办期刊发布会、论坛等，加大期刊的宣传力度。

2. 利用各平台进行宣传

整合出版机构的官网、公众号、微博等平台，建立社群，有计划、有步骤、分阶段地进行期刊营销。

第六章　现代期刊编辑出版后期工作及出版技术的变迁

3. 纸质期刊与新兴出版方式融合

对大众类期刊进行深度版权开发，如开发电子书、听书等形式，使纸版期刊知名度向网络方位拓宽和扩张。这不仅仅是出版业存活发展的需要，也是传统式出版完成转型和跨越式发展的关键机遇。

4. 常态化营销，培养固定读者群

各期刊在发行前，编辑制作订单信息、宣传海报、便签、宣传单等，牢固树立明确的营销观念；灵活运用自身具有的网络资源，紧密配合营销工作人员，参加营销主题活动。

（二）期刊发行的渠道

1. 传统渠道

一般指新华书店系统，它是各出版机构发行量的重要保障。其特点是全国各地营业网点多，覆盖范围广。现阶段，传统的信息传播渠道也发展了电商平台，如新华文轩，并且有在网上发行期刊的功能，而且做得非常好。

2. 民营渠道

借助私营、民营渠道，出版社能够发展壮大期刊市场。由于民营公司并没有出版社的资质证书，所以必须成为自己期刊的总经销商，这样才能完成闭环控制。深耕细作发行很多年的民营公司，慢慢借助本身的发行优势，得到一部分无版权期刊的独家代理发行权。

3. 团购直销

团购直销一般多为国家政府机关、事业单位或企业向出版社集中采购党建类主题出版物或经济管理类期刊，供集中学习使用。

4. 网络渠道

网络渠道是各个出版机构都非常重视的发行领域，主要是当当、京东、淘宝、新华书店的线上平台等。自 2016 年以来，网络渠道的码洋占比首次超过线下渠道，随后网络渠道的比重持续上升。2020 年受疫情影响，线下渠道大幅压缩，网络渠道码洋占比达到历史高点 78.99%。服务平台采用满折、满送、优惠券等活动的贴补对策，短时间内为阅读者打折扣，占领线下推广书店的市场占有率，但长期来看存有隐患。

二、构建读者反馈机制

（一）读者反馈以及读者反馈机制

1. 读者反馈

（1）读者反馈的含义

反馈是控制论的基本概念，指控制系统把输入的信息输出去，又把输出信息作用的结果反送到原输入方，以对信息的再输出发生影响，起到控制作用，达到预期目的。反馈分为正反馈和负反馈两种。反馈能增强系统功能作用的结果，称正反馈；削弱系统功能作用的结果称为负反馈。

交际中的反馈是指交际情况下受话者对所接受的信息的反应或回复，也是受话者对交际者的反应。获得反馈信息是传播者的用意和目的，推送反馈是受传者自觉性的表现；并且受传者的反馈本质上是信息反馈，传播者得到的信息有利于他们调整现阶段和未来的传播行为。

在传播学反馈定义的基础上结合期刊出版传播的特点，对读者反馈做出如下定义：指出版传播过程中读者对阅读的期刊所做的反应或回应，也是读者对编者与作者的反作用。

（2）读者反馈的分类

①直接反馈和间接反馈。直接反馈就是读者通过谈话、寄信、电话等方法与编辑直接沟通交流和表达意见；间接反馈是出版单位接收到的第三方（调查机构、其他新闻媒体等）反馈信息。直接反馈有利于读者、编辑之间的沟通交流和互动。间接反馈是读者大量选用的反馈方法之一，尤其是一些专业性的调查机构，因为有着比较健全的调查计划方案，一定程度上能够提供更为精确、全方位的反馈信息。

②即时反馈和迟延反馈。即时反馈是指在期刊出版之后，读者立即对其做出反应和评价。迟延反馈是指时间后延的反馈过程，也就是读者在期刊出版活动过去较长时间后才做出的反应和评价。

③一般反馈和典型反馈。一般反馈是指一般读者的反馈。一般来说，读者是编辑的"主要客户"。典型反馈是指编辑用科学的方式选择一些有代表性的反馈信息作为整体读者的反馈。因为读者总数巨大，编辑很难得到全部读者的反馈信息，只能根据读者统计调查、读者社区论坛等集中搜集读者的反馈信息。这

种读者反馈信息通过统计调查等获得,具备代表性,编辑可将其作为改进期刊的根据。

④定性反馈和定量反馈。定性反馈就是读者对某一出版单位或出版物所提出的肯定或否定性的意见和看法,它是对事物性质的推断和评价。定量反馈就是对某一出版单位或出版物所做出的具体方面的分析和评价,有助于出版者认识具体情况,采取具体措施。

⑤积极反馈和消极反馈。积极反馈是指读者对出版者的出版传播结果给予肯定和赞扬的评论,消极反馈是指读者对出版者的出版传播结果表达的批评及负面建议。积极的反馈能够激发出版者的主动性,在出版者和读者中间产生优良的循环系统。消极反馈需要编辑正确对待,根据读者的批评意见改正出版行为、提高出版水平,消极反馈更能产生积极的效应。

⑥主动反馈和被动反馈。主动反馈就是读者自觉或自发地主动向出版者表达意见;被动反馈是指读者被动地向出版者表达意见,如面对出版者组织的读者调查,读者就是在被动地反馈。主动反馈能显示读者的主体意识和媒介素养,也是读者确实有话要说,反馈的信息内容更真实、更有实用价值,能够为编辑选题策划提供灵感。

2. 读者反馈机制

"机制"一词本来是物理学术语,指机器的构造和运作原理,后来引用到生物学、医学以及社会科学领域,借指事物的内在工作方式,包括有关组成部分的相互关系以及各种变化的相互联系。

在此将读者反馈机制界定为:读者反馈信息给编辑并产生功效的信息工作系统软件,包含体系结构和运行方式。它是期刊出版传播系统软件的重要组成部分。换句话说,读者反馈机制是读者与编辑沟通交流的有力保障。

(二) 构建期刊读者反馈机制的现实依据

1. 构建期刊读者反馈机制的必要性

我国的期刊出版业慢慢从买方市场变为自由竞争,出版业一直处在竞争态势。自此,中国出版业深化改革的脚步逐步加快。从1983年的"工作特性与企业化管理"到近些年出版集团公司的搭建和"由商转企",出版业的社会化特点日益显著。绝大多数出版社(除极少数意识形态很强的)都会变成依照市场经济体制确立的真真正正的企业,面向市场,自主经营,参加真正的行业竞争。此外，海外出版大佬正逐渐以多种方式参与我国期刊市场，市场竞争将日趋激烈。

由于盲目跟风文章选题，市场上出现很多重复性文章选题，欠缺精准的目标市场，必定造成期刊下线、经常退换货、库存积压等难题，不但引起自然资源的严重浪费，也变成牵制我国出版业进一步发展的短板。导致这样的后果的因素有许多，但其中一个关键原因是营销推广观念和读者意识不强，对读者的反馈不够重视，不清楚读者的真正需求，凭经验盲目跟风选择。期刊出版后才发现读者并不接受，但于事无补。

由于现在是媒体多元化的时期，比较有限的阅读用户持续转移到互联网媒体当中。依据读者的反馈，出版社能够明白自身的期刊在具体内容、形式、价格等层面有什么不足之处。参照读者的意见与建议，持续提升文章选题水平和期刊品质，使出版物的内容和形式能够更好地达到读者的要求。此外，读者反馈的本质是一种销售市场信息。根据读者反馈，出版社能够掌握行业动态和读者要求，明确市场定位，由此调整出版整体规划和文章选题内容，摆正编写角度，改善方式方法，自主创新出版内容和形式，预测分析出版物销售市场，解决"故步自封"的盲目跟风问题。

2. 构建期刊读者反馈机制的可能性

20世纪至今，为应对出版环境的变化和出版社内部结构的改革创新，一些编辑的读者观念逐渐加强。他们逐渐开始调研读者要求，与读者沟通交流，聆听读者的心声，优化文章选题，以使自己编辑出版的期刊热销。

此外，读者的反馈观念也在逐步增强。近年来，由于我国经济的飞速发展，社会文明程度一直在提升。特别是近些年，由于高等教育的大众化和科技的发展，各种各样的媒体产生并迅速发展，读者的主体意识和媒介素养得到了提升。越来越多的读者可以有目的地表述自己的观点，进而影响宣传者和别的受众群体。从当当网和亚马逊等网上书城，大家能够看见很多读者的评价，这种评价主题鲜明，对出版商和编辑而言是有价值的反馈信息。

现如今，智能手机的推广，特别是互联网的普及给编辑和读者的沟通交流带来了前所未有的便捷。特别是手机信息和基于互联网的电子论坛、电子邮箱、QQ、微信等传播媒介，实现了极低成本的实时传播，为读者反馈机制的搭建带来了可能。伴随着期刊出版业存活发展环境的变化，出版企业市场意识和读者观念的增强，读者主体作用越来越明显，出版业必须搭建灵便、高效的读者反馈机制。

第六章　现代期刊编辑出版后期工作及出版技术的变迁

（三）构建健全、高效的读者反馈机制的措施

1. 强化编辑的读者反馈意识

当代哲学思想家觉得，有目的的行为都要有反馈。期刊出版作为新项目确立的思维活动内容，必须要有读者的反馈建议，在彼此的持续沟通交流中完成出版传播活动。读者的反馈建议是主要的市场检测标准。在反馈中，读者能够自由地表达自己的想法，体现读者的动态性需求，读者探讨的热点话题变成将来出版的聚焦点，或是给编者带来灵感。

2. 利用好反馈的渠道

利用合理渠道是创建反馈体制的关键。出版发行单位应积极主动利用信息技术，将读者留言板、网络客服等放到醒目的位置，使读者可以立即提出意见。编辑也要把自己的邮箱地址、微博等放到出版社的网站上，用真实的语言表达热烈欢迎读者的反馈。编辑每天要及时查阅自己的邮箱和新浪微博中的具体内容，保证及时阅读和回复读者的留言，不要让联系方式形同虚设。可是，因为渠道不一样，反馈收集的关键信息也不一样。比如网上书店收集读者对期刊发行方式的点评、书店收集读者的阅读需求信息等。因而，编辑应充分利用各种各样的反馈渠道收集读者的反馈信息，试着开发 QQ、微信、新浪微博等新渠道，必要时及时与读者开展互动交流。

3. 完善反馈平台

在灵活运用反馈方式的基础上，要健全反馈平台，包含下面两个层面。

第一，要设立信息职能部门。出版企业要成立专业的信息职能部门，将活动经费作为支出预算资金。规模较小的出版社要依据本身状况考虑是不是设立专业的信息职能部门，但至少要有专人负责这件事，创建一个销售市场研发中心或是由网站的网络工程师负责。信息职能部门的岗位职责应包含：组织读者进行探讨，依据出版社的具体情况、选题策划等进行读者调研并组织主题活动，为基层编辑提供咨询意见；并且要和读者保持长期性联络，创建读者信息数据库。除此之外，信息职能部门还应科学研究读者群体，包含读者的专业知识素养和要求、读者的心态等，掌握本出版社总体目标读者的基本信息，如读者类型、阅读文章趋向等。这项主题活动能够与相应的科研活动同时进行。

第二，长期坚持，形成管理体系。建立有效的期刊读者反馈机制是一项长期性的工作，不是一朝一夕的事。因此出版社不能仅仅偶尔关心读者的反馈，需

要长期努力才可以形成健全的管理体系。这也是由市场形势的变动和读者的市场需求发展趋势所决定的。使得读者反馈系统化、规范化，还要建立相应的规章制度，把反馈工作放到全部出版活动的重要位置，使读者反馈变成出版活动中不可缺少的环节，实现反馈工作的专业化、系统化。

4. 培养专业人才

从我国的长远目标来看，在全社会创建高效的读者反馈体制，确保读者反馈工作的有序开展，必须有更多的专业性人才，这对专业人才培养提出了更多的要求。郑州大学编辑出版专业的学生，从大二开始在指导老师的指导下，对郑州的期刊市场进行了全方位的调研，在街边书店对读者进行了具体的调研。随后学生依据自身的专业知识和具体调查报告开展全面剖析探讨，并在此基础上制作仿真模拟书。这样学生的能力就可大大提高，不但能担任编辑工作，还具有科学研究能力，了解读者和销售市场，灵活运用各种渠道搜集读者反馈信息，并在对这些信息进行处理加工的基础上开展期刊出版工作。

第二节 现代期刊编辑出版技术的变迁

一、期刊编辑出版技术的发展历程

（一）期刊编辑出版技术的变革与挑战

1. 技术的变革

在人类发展的历史长河中，很长一段时间内语言表达无法进行规模性复制，因而滞留在大众传播和小众传播的范围之内。直至汉朝造纸术的发明，公元7世纪产生雕版印刷术，宋朝毕昇发明活字印刷术，让传播过程摆脱了时间与空间的约束，加快了书本的生产制造、复制和散发，从而开创了正式的出版业时代。15世纪中后期，德国的古腾堡自主创新包装印刷技术并投入使用，使书本的复制效率提升，对当时出版业进行了一个新的阐释。20世纪70年代，由于电子信息技术的盛行，出版业经历了从媒介到流程的质变。出版生态在这一阶段遭受技术的剧烈冲击，并且逐渐接纳新技术。20世纪末到21世纪初，互联网技术的产生和快速发展完全刷新乃至重构了传统的出版编写领域。

第六章　现代期刊编辑出版后期工作及出版技术的变迁

随着社会的发展，出版方式越来越多样化，出版系统软件逐渐向智能化系统方向发展。全世界与出版有关的四次技术革命（造纸工业、包装印刷、电子信息技术和互联网技术）对出版过程产生了颠覆性的影响，一定程度上改变了出版生产环节，持续产生新的挑战。

2. 技术的挑战

传统的编辑出版领域在经历了技术的冲击后，展现出多个显著的缺点：传统媒体形式单一，欠缺声音、图像、虚拟现实技术的互动；以编辑为核心，对市场前景和受众需求了解不够；营销方法较为单一，对互联网媒体技术的运用也有待探寻。为了更好地扭转颓势，传统出版业一直在试着向现代化出版转型，从原先的网络书店向网上、移动APP书籍电子商务转型，到影视剧、广播剧、动漫等IP化书籍及衍生品同步发展。不再仅仅出版单一的实体期刊和电子期刊，而是融合音频、短视频等多媒体传播方式，建立线上与线下相结合的营销体系。

初期出版技术的核心是如何把信息内容固定在纸张这个出版的特有介质上。伴随着现代化技术的发展，多功能工具如计算机、手机和平板早已进入出版媒体中。5G技术的运用将把更多的设备连接到互联网上，阅读文章的情景将变得更为丰富多彩。应对五花八门的新考验，传统出版业必须从受众接受逻辑和平台服务逻辑两个层面加快转型脚步，让具体内容能够及时被检索、生产制造和共享，进而进入转型后的高级阶段。

（二）期刊编辑出版技术变迁的内容

1. 计算机排版技术

计算机排版技术改变了传统的编辑出版工作内容，大大简化了编辑出版工作内容，降低了编辑审批过程中出差错的概率。在传统的编辑出版领域，排版、设计、编辑通常由出版社的不同部门、不同工作人员依照一定的步骤完成，整个过程会消耗很多的时间和精力。计算机排版技术根据电脑办公软件的强大基本功能，只要极少的工作人员就可以完成全部排版、设计、编辑工作。

一方面，计算机排版技术节约了内部工作人员核查、审查稿件的时长，不需要每一个工作人员对稿件进行注释和改动，进一步提高了稿件排版、设计和编辑的效率和精确性，减少了因单位间传送导致的稿件理解误差，进而提高稿件品质。

另一方面，计算机排版技术还可以直接地呈现稿件的实际编辑效果。出版编辑人员可以从总体合理布局和整体设计的视角查验稿件的排版质量，随后递交审核。这之后就可以立即排版、审校稿件，送至印刷厂印刷出版。

2. 多媒体出版

多媒体出版是现阶段编辑出版业的重要组成部分。除了原来的纸版期刊出版和电子刊物出版，各出版社大力推广依赖新媒体技术服务平台的多媒体具体内容出版，包含音频视频集成化出版、图形图像的交互设计、现代化的内容传输等。多媒体出版具备集成性、互动性和智能现代化的优点。集成性是指对图像、文本或语言表达开展生产加工和巧妙组合，完成动态性音视频信息内容的实时压缩、收集和压缩包解压，使出版物栩栩如生、形象逼真。互动性是指阅读者能通过各种渠道在网络系统软件上进行交流，能够生成数据信息。智能现代化是指现代化信息能通过数据储存的方法储存和传送到出版物上，使出版物的发售和营销推广更为合理。与期刊编辑对比，多媒体编辑更全能，也更认真细致。因而，在多媒体出版关键技术应用于编辑出版领域的情况下，有关编辑必须具有较高的编辑素质。

3. 网络出版

网络出版是现阶段编辑出版领域的热点话题，也是将来出版业的发展方向。传统网络出版是指纯电子报刊或与纸版报刊同时出版的电子报刊。例如，以前遍及互联网的网文便是网络出版的典型代表。伴随着时代的不断发展和科技的发展，纯粹的作品早已无法满足读者对出版业的要求，因而现代网络出版变成编辑出版业的主要发展趋势。

4. 印刷行业中的新技术应用

新时期社会发展要求出版行业采用新印刷技术，例如数字印刷中商品包装的标签印刷、喷码印刷与特定要求的印刷等。此外，采用新技术能够使产品具有独特性、个性鲜明，实现不同地区之间的统一设计、分散印刷。印刷行业采用电机驱动技术大大减少了印刷所耗费的时间，最大限度保证产品的质量。

（三）期刊编辑出版技术变迁中的问题

1. 思想意识落后

虽然现代化技术自身的发展水平早已达到了一定的高度，但也在一定程度上提高了现代化技术的应用门槛。很多出版社并没有将现代化技术应用到具体工作

第六章　现代期刊编辑出版后期工作及出版技术的变迁

上，直接原因是出版社的工作人员依然受传统编辑出版经营模式的牵制，对现代信息技术和现代出版技术并没有深入的了解，阻碍了出版社经营管理理念和出版发行技术的变化，造成了出版行业发展速度缓慢的现象。

在对我国的编辑出版技术进行研究的过程中，发现其中先进的编辑出版技术都是从发达国家引进来的，没有对技术进行变革，并且其变革过程也具有一定的跳跃性，严重影响了编辑出版的质量。由于编辑主体的意识观念不强，如果在此过程中不能保证编辑出版技术与思想观念的平衡性，这些落后的思想观念会严重影响编辑活动的顺利实施。

现阶段，伴随着编辑出版技术的快速发展，出版方式将发生改变，从电子出版到互联网出版的过程是现阶段编辑出版的必经过程。假如编辑出版者在具体工作中不自主创新自身的编辑思维，不清楚现代化出版的重要性，就会对编辑出版技术的智能化造成一定的干扰。

在进行现代化出版时，我们还要清楚它并不是现代化和出版的简单叠加，它主要是一种多媒体的出版形态，是对以前编辑出版技术和方式的创新，更是现代化管理流程中的主要形式。这种技术手段在实际编辑出版中的应用，要求主体要在稿件收集和编辑加工等流程中合理应用全方位的思维模式，避免传统出版方式对编辑出版质量的影响。

之前编辑出版的内容包括文本出版、音像出版等，可是技术上没有创新。因而多方位、多层面的编辑出版技术并没有获得合理运用，编辑人员并没有多层面的逻辑思维观念，会造成现代化出版流于形成，严重影响编辑出版品质。

2. 专业人才缺乏

现阶段我国与现代化出版技术有关的文化教育较为贫乏，因此当地专业性人才是"刚性需求"，能把握和娴熟运用现代出版技术的专业性人才也少之又少。除此之外，现代出版行业工作者的薪资和待遇并不是很丰厚，造成很多专业技术人员只是兼职从事此项工作，不利于我国现代编辑出版技术的发展和提升。

3. 运营资金不足

现代化出版技术能够进一步提高出版的效率和品质，但其实大部分出版社没法得到相应的资金支持，其中实际投入使用的设备也不能支撑我国出版业的智能化发展。因为欠缺专用设备，我国出版业的发展无法达到应该有的高效率发展，即便掌握了相对应的技术也没法应用，现代化技术的作用并没有充分发挥，不利于我国出版业的智能化发展。

4. 出版市场混乱

尽管近些年现代化出版技术在我国取得了一定的发展，但目前我国出版销售市场仍以传统出版著作为主导，其地位不可动摇。现代化出版技术自身起步比较晚，开发不充分，与成熟期的传统出版系统软件对比，它并没有非常大的竞争优势来占领销售市场，阅读者没法享有充分的现代化产品。现代化产品欠缺不益于我国现代化出版技术的进一步发展和推广。

5. 技术多样性和技术标准统一性的矛盾

从事物的发展来看，内部原因和外部原因的共同作用会对事物的发展过程和结果造成一定的影响，编辑出版技术也是如此。伴随着信息技术的持续发展，各种现代化编辑出版技术在编辑出版领域得到了一定程度的运用，大家日益增长的精神需求为编辑出版技术的发展带来了机会。在剖析其外因的过程中发现，编辑出版技术的多元化市场竞争是影响编辑出版的主要因素之一。

在对其发展历史进行研究的时候，我们从铅活字印刷与滚筒彩印等过程中发现出版发行技术也在不断发展。特别是扫描复印技术在编辑出版中的合理运用，进一步提高了编辑出版技术。在新时代背景下，要迅速地完成编辑出版技术的智能化，不但要加强对 Photoshop 和 Corel DRAW 的合理运用，而且还需要梳理多元化编辑出版技术之间的关系。这种多元化发展趋势在一定程度上刺激了编辑出版技术的发展，但也给编辑出版技术的发展带来了考验。例如，具体开发设计过程中技术规范不统一将会严重影响编辑出版的品质。

二、期刊编辑出版技术发展的意义

（一）工作效率得以提升

现代化出版技术应用于出版行业后，工作人员能够利用现代化技术优势迅速地处理工作。投稿人和编辑都能直接在电脑上进行自身的工作，投稿人能够利用互联网投稿，编辑也可以在网上对投递的原稿开展评价并提出修改建议，能够大大减少编辑出版的中间步骤和环节，提升总体工作效率。现代化出版技术与编辑出版智能化在编辑出版行业的运用，降低了工作人员审稿的难度系数，也进一步提高了生产效率。

（二）编辑流程简化

编辑能够利用现代化技术简化稿件处理流程，在电脑上开展评审和审批工

第六章　现代期刊编辑出版后期工作及出版技术的变迁

作，同时在电脑等设备上改动排版设计，提升编辑出版效率，利用电子信息技术简化工作流程，进而在有限的时间内确保更高质量的出版物。与此同时，伴随着现代化出版技术的运用，出版社在一定程度上降低了人工成本，进而增加了经济收益。

（三）方便了编辑的工作

伴随着现代化技术的产生，编辑出版工作人员可以用现代化的数据信息替代以前的纸版稿件，延长了稿件的保存期限，在一定程度上降低了编辑的排版设计难度系数，让编辑有更多的时间开展审批工作。电子信息技术为编辑提供了更为充足的审阅专用工具、修改工具和在线排版工具，方便了编辑的工作，提高了编辑的工作效率和品质，协助出版社出版了更高质量的著作。

（四）丰富了出版内容

在研究过去编辑出版工作的过程中，发觉其内容和办法都是非常单一的。信息技术在编辑出版中的运用不但创新了方式方法，也丰富了编辑出版内容。在这个过程中，工作人员能够有效运用原有的网络资源和新技术对编辑出版内容进行完善。因而，由于科技的不断进步，应摒弃过去的出版发行理念，创新工作方式，丰富编辑出版内容，提倡先进的编辑出版核心理念。

三、提高期刊编辑出版技术的措施

（一）转变编辑理念和主体意识

在编辑出版发行中，编辑主体意识是指编辑要根据编辑行为主体在实际工作中的有关社会实践活动来体现编辑主题活动，如编辑理念、编辑意识等。市场竞争和多元化是编辑主体意识的主要内容。在创新情境下，要从这些方面入手，加强对先进技术和编辑理念的合理运用。市场竞争意识是现阶段编辑出版发行的关键编辑意识之一，指在社会经济发展情况下，编辑要有困境意识，在销售市场环境中持续更改之前的意识。编辑在提升市场竞争意识时，要依据市场的供给与需求从不同视角变化意识。

（二）不断强化现代化的出版理念

在新时代背景下，必须持续加强先进的编辑出版理念在编辑出版中的合理运用。众所周知，编辑出版的现代化、智能化是一个过程，因此如果不对编辑出版的理念和技术进行更新改造，便会影响编辑出版的品质，更无法达到社会发展对编辑出版提出的要求。这就需要在现实工作中，编辑出版者要加强现代出版意识，维持专业能力，加强对编辑出版技术的合理运用，提高主体意识。在具体编辑出版中要积极与创作者沟通交流，在把握阅读者要求的前提下合理运用编辑出版技术。

现阶段，我国出版业仍处在转型发展阶段。出版业要在新时代背景下更好地发展，不但要加强新技术的合理运用，还需要进一步强化现代编辑理念。融合编辑出版领域的优点和有关标准，自主创新编辑出版理念，加强编辑的现代管理理念和出版观念，持续推动刊物在社会中的可持续发展。

（三）注重思想教育，提高编辑人员的综合素质

虽然编辑出版的方式方法得到了改进和革新，但现代出版技术并没在具体的编辑出版工作中获得合理的使用。因为有些编辑出版工作人员的综合素质有待提高，并没有了解编辑出版技术现代化、智能化的重要性。这就需要有关编辑工作人员在具体工作中客观公正地挑选稿件，重视稿件的品质。尤其是新闻、广告宣传编辑在挑选稿件时，一定要保持清正廉洁的工作作风，不必捏造事实，更不能用编辑手段和技巧欺骗阅读者。因而在具体的编辑出版工作中，应主动采取一定的有效措施提高编辑的综合素质和洞察力，帮助其对稿件做出准确无误的判断。

（四）创造高质量的外部环境

出版社务必高度重视外部环境的影响，切合行业现代化的发展趋向，构建高品质的外部环境。出版社要随时关心行业的发展变化，主动引入先进的现代化技术、新设备和新思想，利用新事物促进管理机制的革新，创造高质量的现代化环境，为行业发展注入活力。由于高质量的外部环境能够有效地促进出版发行行业的现代化进程，协助该行业成功进入一个新的发展阶段，因此，编辑出版行业要保证现代化出版技术可以真正融进行业发展中，而不仅是更换配套设备。

第七章　现代期刊编辑素养的提升技巧

在新形势下，期刊编辑在推进期刊高质量发展中发挥着重要作用，其中编辑素养是重要的影响因素之一。加强和提升现代期刊编辑素养能够提升期刊的质量，推进期刊可持续健康发展。本章分为现代期刊编辑的主要职责、现代期刊编辑应具备的素养、现代期刊编辑素养的提升策略三个部分，主要包括现代期刊编辑的工作职责和岗位职责，期刊编辑应具备的政治素养、信息素养、业务素养和媒介素养等内容。

第一节　现代期刊编辑的主要职责

一、现代期刊编辑的工作职责

（一）期刊编辑的主要工作

期刊编辑主要按照主编的总体构思和一以贯之的期刊风格，将来源广泛、内容各异、主题鲜明的众多稿件收集、筛选出来并润色加工，然后按照一定的结构和顺序编排，使之成为体现一定思想和主题、具有特定风格和独特吸引力的成册连续出版物。在此过程中，期刊编辑有较多的个人创新性加工活动。期刊的编辑工作有宏观编辑、中观编辑和微观编辑三个层次。

①宏观编辑。依据期刊的读者特征、市场定位和方针任务对期刊的风格和版式进行总体构思，主要由主编或总编辑承担该项工作。宏观编辑考虑的重点是如何确立期刊的个性、创造自己的特色、确定自己的风格和形象特征，以区别于其他同类期刊，满足读者的需求，吸引读者并形成固定的读者群。

②中观编辑。负责对某一阶段期刊的编辑构思,考虑的重点有三个方面:一是如何保持期刊风格的一贯性;二是如何使期刊在传统基础上创新,保持时代敏感性;三是如何变异,如是否出专辑、专号等。总体来说,中观编辑负责对期刊内容的战术性考虑,目的是落实期刊的宏观编辑思想。

③微观编辑。负责对特定一期期刊的构思,也就是如何做好一本期刊的具体设计和规划。它要求编辑首先编排栏目、策划专题、联系撰稿人、采编稿件、组织稿件和图片,并对其进行修饰、改正、查实、考证、加工等编辑工作,最终确定版面结构,准备付印。

宏观编辑、中观编辑和微观编辑必须相辅相成、衔接一致。宏观编辑的职责是确定编辑思想,中观编辑的职责是确定主题方向,微观编辑的职责是确定内容和表现形式,三者逐步细化,逐步落实,共同构成期刊的编辑体系。

(二)期刊编辑的分工与职责

期刊编辑工作是编辑工作者为了实现期刊的创办目标,在期刊的编辑方针指导下,为保证期刊的内容质量和期刊的风格一致,对初稿进行创造性加工修改和编排设计的活动。期刊编辑工作主要包括审读、修改、润色、注释、设计、排版等活动,是期刊生产制作流程中的核心环节。只有经过编辑后的期刊才能发排和送至印刷厂印刷。期刊编辑工作是实现期刊宗旨、树立期刊风格、实现期刊社会功能的根本性工作,它将零散的文章变成具有主题的、暗含一定文化思想和意识形态的出版物,既传播了新闻、信息和知识,又体现了编辑工作者的劳动价值。

不同期刊社的编辑分工各有不同,甚至相差很大,这方面的决定性因素包括期刊的类型、内容、页码数、出版周期、投入资金等。不论期刊社性质如何,编辑人员的职能都是对期刊的内容和版面负责,无论人员多少,都必须完成文字的加工和版面的设计工作。当然其中有些工作可以进行业务外包,如图像加工、版面设计等。

从组织管理本质上来说,期刊编辑人员的分工是给编辑人员分派工作和委派得力的人员完成相应的工作。多数期刊的主编在工作过程中都会延续一套较为稳定的组织结构体系,但也会在适当的时候进行灵活变动,以达到完成工作任务、推动编辑职业发展、培养和教育新人的目的。

一般而言,期刊编辑的职位类型包括:总编、主编、编辑、助理编辑、责任编辑、执行编辑、网络编辑等。

主编是在期刊社内负责全面工作的人,对期刊发行人负责。主编通常既是一位专业编辑人，也是一位综合管理者。主编既管期刊内容的创作和编辑，也管期刊的发行、推广、人事、财务等工作。期刊的主编是运营一本期刊的灵魂人物，在期刊社中扮演着多种角色：①领导者。负责确定期刊的风格，使之符合期刊的定位、宗旨和受众的需要。他既要保持期刊风格的连续性，也要根据时代变化带来一些改变，以适应受众口味的变化和时代流行趋势。②创作者。负责每一期期刊的宏观创作，对每一期期刊进行终审把关，对每一期期刊内容负有最终责任。③总经理。负责期刊社所有资源的配置工作，特别是编辑人员的调配和资金的预算。④形象大使。负责期刊的社会形象塑造和市场推广工作，通过组织、参加一系列社会活动，保持公众对期刊的知晓度和关注度，是期刊品牌和形象的代言人。

编辑对主编负责，负责搜集信息、确定选题、策划专题、撰写期刊主要文章（包括封面文章）、审稿、编辑加工、审读校样、安排助理编辑等工作。

助理编辑对编辑负责，辅助编辑的工作，负责搜集信息、策划选题、撰写期刊文章、审稿、审读校样、撰写目录、回复读者来信，保证期刊的非重要栏目。

责任编辑对主编负责，是一篇文章的责任人，负责文章内容的真实性、可靠性、规范性以及可读性。责任编辑需要知道期刊的格式要求和风格，以保证文章格式和风格的一致性。责任编辑还需合理安排文章结构，编辑和修改文章标题、语法、标点等内容。

执行编辑相当于主编或编辑主任。在西方的期刊社内执行编辑多是总编辑的助理，掌握编辑工作进度、协调各栏目编辑工作、安排统稿工作。在我国，执行编辑负责特定一期期刊的总体构思，对该期期刊负有全面责任。执行编辑一般由主编指定或由编辑部的所有编辑轮流担任。

网络编辑对主编负责，具体负责期刊网站的编辑和维护工作，包括制作在线内容和制作电子期刊内容。

二、现代期刊编辑的岗位职责

（一）采编编辑岗位职责

①密切关注行业及相关行业动态，了解读者偏好，策划有吸引力、有前瞻性的专题和栏目。

②根据策划和专题需要考察、调研必要的地方及相关行业，进行专题采访。

③根据采访专题撰写原创文章,进行栏目文章的填充。
④接收作者投稿,遴选拟录用稿件,联系作者提出修改意见。
⑤对修改后的稿件进行编辑。
⑥交叉校对其他编辑完成的稿件。
⑦完成总编交代的其他临时任务。

期刊的采编编辑要听从总编安排,平时按岗位职责自行开展工作,工作对总编负责;与其他编辑分工合作,共同工作;与发行人员及多媒体运营人员保持密切联系,了解读者偏好和市场变化。

(二)运营编辑岗位职责

①密切关注行业及相关行业动态,开发期刊销售渠道。
②开发潜在团购单位,促成批量订购。
③联系相关行业组织,开发期刊客户。
④收集读者及订户的意见,并及时反馈给社内相关人员。
⑤维护与老客户的关系。
⑥开发新的客户,提高市场覆盖率。
⑦完成运营总监交代的其他临时任务。

期刊的运营编辑要根据需要与期刊社其他运营人员合作,共同开发市场;与编辑及网络维护人员保持密切联系,将读者反应和市场变化及时反馈给编辑和其他相关人员。

(三)行政服务编辑岗位职责

①保障各部门的工作条件、办公设备和日常消耗品。
②负责期刊社印章管理、文件管理、各种通知的发放。
③负责来访人员的接待和处理工作,并协助期刊社领导处理好公共关系。
④负责期刊社员工的入职手续、劳动合同签订、劳动关系管理。
⑤协助财务岗提供员工考核数据,为薪酬、绩效工资和奖励发放提供依据。
⑥协助编辑岗联系期刊印刷及运送、邮寄等事宜。
⑦完成社长交代的其他临时任务。

期刊的行政服务编辑要与编辑及经营部员工保持联系,及时回应他们的诉求;与社长反映编辑及市场人员要求,获得资源支持;工作对社长负责。

第二节 现代期刊编辑应具备的素养

一、政治素养

落实建设强国发展战略，期刊责任重大，如学术期刊对于促进学科建设以及科技水平的提升发挥着不可替代的作用。期刊的繁荣发展主要依赖于期刊从业者，特别是编辑出版人才的职业素质和事业热情。编辑要不断加强思想政治理论学习，不断提升思想政治修养，同时加强对编辑业务知识的学习，努力做到对国家的重大方针政策、社会的思想舆论导向有较好的认识、理解和辨析能力。

出版工作具有鲜明的意识形态属性。2020年中宣部编著的《新时代宣传思想工作》指出，出版物反映和传播意识形态，影响人们的理想信念、价值理念、道德观念，关系党和国家工作大局，关系社会政治稳定和文化安全。因此，支持主流意识形态，把控好正确的政治方向是期刊编辑的首要职业责任。例如，科技期刊中的论文分析、推导、演绎，描述公式、方程、数据、图表等科学逻辑符号构成，其意识形态问题具有潜在性、隐蔽性的特点，一般不容易发现。如果期刊编辑不全面把握、谨慎处理，只就学术课题进行审核，而忽视了对其意识形态问题的把关，很可能导致政治问题。因此在实操中，编辑要具有强烈的政治敏锐性和政治责任感，充分了解作者的创作意图、写作背景，仔细分析遣词用句、案例数据偏好，综合研判文章反映的价值观念和思想倾向，杜绝各种形式的政治问题。

二、信息素养

随着科学技术的发展，人工智能、大数据、AR、VR等新技术的兴起和运用所带来的变化已渗透于编辑工作的各个环节，以数字技术、网络传播为特点的新型媒体弥补了传统媒体的不足，改变了一点对多点的传统传播格局，信息的发布源头变得分散、多元，并且愈加难以管控。这要求期刊编辑自身要具备必要的信息意识，掌握有关信息技术的基本知识，不断更新自己的知识结构，提高信息管控能力，着力于深度开发、重视调查研究；同时要做好把关工作，从源头上将违反国家法律法规、相关制度，以及危害国家安全的不良信息剔除，而且要不断更新、优化信息资源，实现专业化管理，积极推动期刊网络化管理运营。

三、业务素养

(一) 职业素养

职业素养主要体现在编辑人员策划栏目、组稿、审稿的能力和水平,以及规范论文格式、语言文字等方面。例如刊物要符合国家的有关规定,栏目设置有特色,图文搭配合理,语言文字规范简练,概念正确,公式、计量单位、标点运用规范,稿件的取舍要以质量为取舍的标准,坚守编辑的职业操守。科技期刊作品可以反映相关作者的学术水平,而出版物的质量则与编辑出版工作者的素养息息相关。编辑作为身处社会主义国家学术前沿阵地的文化建设者,是人类文化工程师,对传播和发展社会主义先进学术知识、构建和谐社会、提升国民道德素质、创造廉洁的文化氛围起着重要作用。因此,编辑人员只有坚守职业操守,不断提升职业素养,才能在不断变化的科技时代与时俱进,才能做真正兼具传统与新时代特点的优秀文化和学术知识传播者。

(二) 学术素养

编辑还应具备判断拟刊发文章学术质量和水平的能力,这种能力即学术素养,是期刊编辑人员所应具备的基本素养。期刊编辑应掌握刊物栏目所涉及的研究领域的发展现状、最新动态以及该领域的前沿信息,从而有远见地进行选题策划,有效引导学术研究,真正服务于社会和读者。

(三) 专业素养

质量是期刊的生命线,期刊行业的竞争归根结底是期刊质量的竞争,而期刊的质量最终取决于编辑是否能够持续努力工作和不断创新。编辑出版人才是期刊的第一生产力,是期刊繁荣发展的核心要素。想要保证期刊的高质量,就要不断提升编辑的专业素养。期刊编辑要爱岗敬业、善于学习运用新知识。期刊编辑必须突破在传统媒体编辑工作过程中形成的工作惯性和认知障碍,重新进行职业角色定位,不断适应新的发展形势。要树立服务意识,从组织者、生产者变为服务者,将读者作为服务对象,通过新颖的策划和表达方式,提供贴近用户偏好的个性化服务。

(四) 服务素养

服务素养是指编辑真诚服务于广大读者与作者,并能够进行有效沟通、协调

第七章　现代期刊编辑素养的提升技巧

的服务能力和水平。编辑是联系刊物出版各环节的桥梁和纽带，需要有良好的服务态度和较强的协调能力，努力营造和谐出版环境。

四、媒介素养

对于编辑来讲，媒介素养是指其在面对各种信息时所具备的媒介基本技能，如信息查询与收集能力、信息选择能力、对信息内容的批判质疑能力、信息加工制作和创造能力，即获取、分析、评价和传播各种媒介信息的能力。中国人民大学新闻学院教授陈力丹认为："媒介素养分两个层级：一个是公众如何认识媒介、如何使用媒介，另一个是新闻工作者如何认识自己和如何看待新闻精神。"信息化时代各种新兴媒介技术不断发展，媒介生态发生了翻天覆地的变化，新技术的应用使得行业信息内容更加丰富、形式更加多样。

科学技术不断进步、知识更新的速度加快，行业期刊编辑的专业知识需要不断扩充，学科范围需要不断拓展。编辑作为数字信息时代的受众，如果具备较高的媒介素养，了解各类媒介的传播特性和功能，掌握快速获取信息、有效选择信息及批判信息的技能，有助于编辑开拓知识领域，成为合格的信息创作者和生产者。具体而言，行业期刊编辑应具备的媒介素养包括：了解和掌握各种新兴媒介传播特性的能力，在各类媒介检索、收集有效信息的能力，选择信息、评判信息和归纳总结信息的能力。

智能媒体对期刊编辑提出了新的要求，编辑要消除技术焦虑，具备与之相匹配的媒介素养。具体来说，作为传播者，期刊编辑应当具备以下几方面的媒介素养。

①要具备熟练运用融媒体技术的能力。期刊编辑要适应新的技术变革，最重要的是对新兴媒介技术熟练掌握和运用，这成为期刊编辑的一项基本技能。此外，编辑还要对期刊内容、形式和理念等不断创新，提升期刊影响力，更好地为读者和作者服务。

②要具备选取、评价、组织、整合信息的能力。5G时代会产生大量碎片化信息及海量数据，编辑要创新方式方法，通过不同角度和渠道获取信息，有效分析和利用数据，挖掘信息中的要点和亮点，挑选出有价值的信息并对其进行综合处理。

③要具备了解读者多元化需求并提供服务的能力。在传统媒体时代，期刊编辑只需要做好信息把关和处理即可，对受众感受考虑较少。新媒体时代生存环境发生变化，运用大数据等手段准确了解受众需求并提供全方位的服务，成为期刊的生存之道。因此，期刊编辑应全方位了解读者的需求，提供专业、周到、细致

的服务，这样才能让期刊在激烈的市场竞争中立于不败之地。

④要具备媒体营销能力。新媒体时代出版传播方式改变，阅读模式多样化，期刊编辑要具备一定的营销能力，善于运用相关媒体，了解和把握期刊市场，加强舆论引导，在技术加持下开辟新的读者市场。

第三节 现代期刊编辑素养的提升策略

一、坚持正确的政治导向

编辑从本质上来说从事的是意识形态传播工作，这就要求现代期刊编辑具有更高的政治站位、更强的政治意识、更敏锐的政治鉴别力和政治洞察力，坚持正确的政治导向，提高政治站位。深入学习研究习近平新时代中国特色社会主义思想，将宣传、阐释其精髓要义作为出版工作的首要政治任务，确保编辑出版研究深入、阐释到位，形成特色鲜明的优秀作品。新形势下期刊编辑必须旗帜鲜明地在思想政治行动上与国家政策保持高度一致，其工作要自觉服务于党和国家发展大局，引导学术研究立足于中国实际，将研究阐释好中国道路、中国精神、中国力量作为编辑工作的核心内容，促进其学术化表达、大众化传播。现代期刊处在意识形态领域的前沿，编辑须时时警醒，对方向性、导向性的问题始终保持高度警觉，时刻保持高政治敏锐性和判断力，旗帜鲜明地坚持以马克思主义为指导，以清醒的理论自觉、坚定的政治信念、科学的思想方法来指导办刊实践，必须切实守好阵地、把好关，做好形势政策的"广播台"，始终围绕国家大局来策划选题，做好党和人民之间的"传声筒"。

二、增强责任意识

责任意识不是与生俱来的，需要后天的锻炼与培养，对于现代期刊编辑行业更是如此。由于编辑工作的对象是精神产品，具有教育人、影响人的功能，特别是学术期刊等代表学科的发展方向，因此对编辑的理论水平、职业素养，特别是对其责任意识提出了更高的要求。现代期刊编辑必须树立终身学习的理念，发扬工匠精神、爱岗敬业、忠于职守，能够摆正心态和位置，有甘于为他人作嫁衣的奉献精神。同时又要具有务实、严谨、负责的工作作风，保证遣词造句通顺妥帖、逻辑论证严谨科学，不可轻易放过任何微小差错。

三、增强创新意识

信息时代要求期刊充分利用新媒体扩大自身影响力，善于运用新媒体工具进行创新。面对日新月异的传播技术，现代期刊编辑要时刻保持敏感性，及时了解并运用新技术武装自己。随着科学技术的发展，新媒体技术不断兴起并广泛应用。这就要求期刊编辑能够结合自身专业、学科特点，将多种新媒体技术运用到选题策划、组稿、审稿、编辑等工作中来，不断探寻期刊发展的新模式，提高工作效率，提升编校质量。期刊编辑还要主动适应期刊出版体制改革的要求，积极转变传统的思维模式，勇于面向市场、适应市场、开拓市场，了解市场营销理论，树立市场经营意识，同时把面向市场的经营理念积极应用于出版实践中。

信息时代，现代期刊编辑应增强自身的创新意识并提升创新能力，这需要期刊编辑从多方面提升自身综合能力。首先，要提高自己的信息敏锐度，从众多的新媒体资源中挖掘出不同的内容，也就是从其他视角寻找吸引受众的点。其次，编辑的工作重点是编辑加工，这就需要相关工作人员提升自身对文字的运用能力、对平面结构的审美能力等。期刊要做到真正的创新，标题要吸引人，内容更要"名副其实"，这就需要编辑有较强的文字语言运用能力。最后，编辑需要实时关注一些时尚流行元素，结合期刊内容和主题对排版、色彩运用等进行创新，改变传统受众看期刊时入眼密密麻麻都是文字的既视感，提升期刊的艺术性。

当下，数字信息技术日新月异，媒介技术推陈出新，新媒体迅猛发展，致使媒体行业竞争日趋激烈，出版业面临技术革新、业态更新、受众流失等多重冲击。习近平总书记指出，"新闻宣传是否善于创新，是否能够做到常做常新，是其发展壮大、保持强大生命力的关键"。创新是驱动发展的首要引擎，不创新就没有发展，只能勉强维持现状。期刊编辑要积极适应新形势，拥抱新媒体时代，解放思想、开阔视野、更新观念，摒弃不合时宜的工作模式和方法；在信息采集、传播等过程中积极采用新技术、新手段，以读者为导向，提升期刊品质，强化分众传播、精准转播，扩大期刊受众群体和社会影响力，不断创造新局面。

四、提高信息素养

期刊编辑要提升自身的信息技术应用能力和信息素养，只有对各种信息技术软件和平台的功能以及操作流程等有充分的了解，才能近距离地靠近新媒体资源，更好地实现转型融合。期刊需要为编辑人员提供高质量的培训和学习资源，助力期刊编辑人员信息素养的提升，同时也需要引进具备较高信息素养的新兴力量，通过有效的管理机制促进新老员工之间的学习、成长与磨合。而期刊编辑也要通过自身的学习更加全面地分析自身的岗位职责，以积极的态度进行主动学习，熟悉网络信息安全法律法规，自觉维护网络安全秩序，拓展期刊的传播渠道，给大众更加满意的阅读体验。

五、提升科技素养及编校质量

广泛地说，决定刊物水平的关键就在于发表文章的时效性和内容受关注的程度。将其细化，还包括文章图表的细节、参考文献的实用性、文章表述的形式等，都可以作为影响刊物可读性的关键因素。当前我国运行的主要办刊模式，通常都是由主编或者编委团队来掌控刊物的学术水平，因此，其工作重心就应该是组建一支具备高学术水平且黏合度高的编委团队。选聘一些专业学术水平比较高的专家、学者进入编委会，仅是刊物创办成功的基本条件，如何进一步调动编委工作的积极性，最终达到提高工作效率的目的，才是对编辑人员进行能力素养考核的关键。因此，对于期刊编辑而言，可将工作重心放在如何有效组织编委活动、有效维护沟通渠道、加强联络等方面，目的是进一步增强编委对于刊物的归属感和责任感。另外，文章可读性主要影响因素为整篇文章的结构合理与否、逻辑清晰与否、表述精练与否。任何一篇文章，只有做到了立意新颖独特、表述清晰严谨、论证严明充分，才可以被评为优秀的学术论文。假如编委将审读的重心放在筛选出新的立意、充分的评价论证及其论证合理性上来，编校工作的重心就是帮助作者不断完善并规范文章的表述，如此对于编辑人员提出的要求就是要严格把好质量关，尽可能从细节上增强文章的可读性。

六、培养主动学习精神

现代期刊编辑提升专业素养最直接的方式就是不断学习。

首先，向老编辑、资深编辑学习，采用"以老带新"的方式对期刊编辑进行锻炼、培养，在工作实践中不断提升期刊编辑的工作能力。

其次，积极参加各种出版专业知识、技能培训，不断更新知识结构。同时国家新闻出版署要求出版行业专业技术人员在到岗两年内要通过出版专业技术人员职业资格考试，编辑通过备考、学习可以进一步提升自己的理论水平。

最后，通过纸质书籍、微信、微博、相关APP等了解编辑出版方面的相关知识。学习不能单靠量的积累，更重要的是质的提升，因此期刊编辑不能总是被动学习，而是要增强学习的主动性，正确认识时代带来的机遇及挑战，主动学习才能有效提升学习效果、增强业务能力。

七、恪守法律法规

2021年6月1日，新修订的《中华人民共和国著作权法》正式实施。这是我国知识产权保护的重要里程碑，出版业必将受到该法律的深刻影响。如科技期刊主要刊登的是科学研究与应用方面的论文，与其他种类出版物相比，经常性地需要应对版权等知识产权保护问题。在创新驱动发展的新时代，社会呼唤创新，知识产权的保护需求随之增长，保护力度逐渐加大。因此，期刊编辑必须增强法律风险意识，对此保持高度敏感，格外重视版权问题，当好知识产权卫士，恪守《中华人民共和国著作权法》等出版相关法律法规，规范工作程序，坚守把关责任，保护好作者、期刊社以及社会公众的合法权益，协调好各方的利益关系，尽量避免因版权问题蒙受不必要的损失。

八、积极拓宽学习渠道

面对庞杂的学习内容必须要有所选择，期刊出版单位、编辑部门要针对自身的工作特点、办刊方向、所要解决的突出问题进行有针对性的学习。通过学习，使期刊编辑开阔视野，对期刊发展趋势有更深的了解及更加细致的思考，进一步提高职业能力。编辑部门要注意搜集有关提升期刊编辑业务能力的相关培训、学术会议信息，为期刊编辑尽快提升个人能力、素质拓宽渠道、创造机会，鼓励期刊编辑参与业务能力提升、促进期刊传统出版与新媒体融合发展相关学术会议，在与其他期刊编辑同行学习、交流的过程中找出差距与不足，不断提升个人能力。同时敦促、鼓励期刊编辑将自己学到的相关理论知识与在工作中积累的实践经验结合起来，经过深入思考形成理论成果。

九、提升期刊经营能力

在市场环境下，包括期刊在内的任何产品都存在着市场竞争。这就要求现代期刊编辑从业者在做好编辑加工工作之余，还要积极参与期刊的经营推广工作。要有一双善于发现的眼睛，及时抓住行业相关热点，开拓并维护期刊客户，进行多方面的推广培训。这样既能提升编辑的服务能力和水平，也能大幅度提高编辑的经营能力，使期刊走进更多人的视野，在市场竞争中处于不败之地。

第八章　新媒体时代期刊编辑出版的转型发展

互联网的普及与信息技术的进步改变了出版行业的经营方式，传统期刊出版已经远远不能满足市场的需求，期刊出版纷纷开始数字化转型，出版内容的载体变得更为丰富，新媒体也使得用户需求更加个性化与多样化。数字出版不仅提高了出版企业的竞争力，也大幅提升了居民的阅读效率，进而推动出版行业的整体进步。本章分为信息技术在期刊编辑出版工作中的应用与新媒体时代期刊编辑出版的数字化转型策略两个部分，主要包括信息技术在期刊编辑出版工作中应用的必要性、应用对策和应用意义，新媒体与期刊数字化，期刊编辑出版的数字化转型研究等内容。

第一节　信息技术在期刊编辑出版工作中的应用

一、信息技术在期刊编辑出版工作中应用的必要性

（一）期刊编辑出版工作发展的内在需要

期刊编辑出版行业的发展离不开信息技术的支持。期刊编辑出版技术的创新，期刊编辑出版水平的提高，需要充分发挥信息技术的作用。在期刊编辑出版工作中，期刊的投稿、审稿、编辑、排版、出版在信息技术的帮助下都可以顺利开展。现在编辑还可以通过现代信息技术联系投稿者，密切期刊编辑与投稿者的联系，这样有利于稿件的修改，从而提高稿件的质量。在现代信息技术的作用下，期刊出版社还推出了电子期刊，这样有利于期刊的传播，能够在现代信息技术作用下很好地扩大期刊的影响力，从而更好地满足人民群众对电子期刊的阅读需求，还可以推动期刊编辑出版的多元化发展。将现代信息技术运用于期刊编辑

出版有利于期刊编辑出版的创新，让期刊编辑出版能够适应社会发展的需求，最终也能够加快期刊编辑出版发展步伐，推动期刊编辑出版朝着现代化方向发展。

（二）期刊编辑出版水平提高的需要

现在我国信息技术水平得到很大提升，并且信息技术不断成熟，信息技术被广泛运用于社会生产生活实践的各个方面。在信息技术的帮助下，我国的生产生活实践能力得到了快速的提高，我国生产生活实践水平也在不断提升。信息技术逐渐影响到人们的衣、食、住、行等各个方面，改变了人民群众的生活方式，也为人民群众追求更加美好的生活提供了一定的技术支持。现代期刊编辑出版工作要不断地进步，期刊编辑出版水平要想得到提高，那就必须充分利用好信息技术。要将信息技术的优势在期刊编辑出版工作中充分展示出来，要将信息技术融入期刊编辑出版工作的各个环节，这样才能够利用好信息技术，推动期刊编辑出版各个环节工作任务的高效完成。信息技术的成熟为其运用于期刊编辑出版工作提供了基本的技术条件保障。因此，在期刊编辑出版工作的开展过程中，一定要根据期刊编辑出版工作开展的需要，不断地推动信息技术与期刊编辑出版工作相融合，运用好信息技术，让信息技术推动期刊编辑出版水平的提高。

二、信息技术在期刊编辑出版工作中的应用对策

（一）增强期刊编辑运用信息技术的意识

在期刊编辑出版发展过程中，编辑的素质、能力与水平会直接影响期刊编辑出版的水平。因此，要想提升期刊编辑出版工作质量及水平，一定要做好期刊编辑的培养工作，要不断地提高期刊编辑的素质。为了推动现代信息技术运用于期刊编辑出版中，最关键的是要增强期刊编辑运用信息技术解决编辑出版工作中遇到的问题的意识，引导期刊编辑形成运用现代信息技术的自觉。

期刊社要加强对编辑的培训，增进编辑对信息技术的了解，提高编辑运用现代信息技术的能力，引导编辑在工作中积极运用信息技术。期刊编辑一定要自觉学习好现代信息技术，要运用信息技术进行知识搜索和查询。编辑要运用信息技术丰富自己的知识体系，增进对实时热点知识的了解，推动自身与时俱进，了解当下的新观点、新理念，这样才可以更好地提高自身的工作能力和工作水平。通过网络搜索了解论文所论述主题在学术界的具体情况，把握好相关理论方面专家、学者的研究情况，也可以通过信息网络技术了解人民群众关注的热点，明白

现在读者的阅读需求。总之，期刊编辑一定要运用好现代信息技术，运用现代信息技术增进自己的知识，提高自身的能力与素质。还有就是要在期刊编辑与出版工作中运用现代信息技术解决具体工作中遇到的问题。

（二）发挥信息技术在期刊编辑和出版发行中的作用

在期刊编辑出版工作过程中要运用好网络投稿，创新出版方式。期刊在发展过程中一定要优先选择网络投稿，因为网络投稿受各种客观环境影响较小，也不用作者手写。运用网络投稿方式，期刊可以在短时间内收到大量的稿件，并且在整个投稿的过程中安全性与时效性都明显提高。编辑可以在网上快速阅读作者的稿件，修改和提意见也非常方便，并且网络投稿也不易丢失作者的稿件。

审稿过程中也可以及时与作者取得联系，详细明确提出修改意见。这样可以提高审稿的效率。运用信息技术可以大大提高投稿、审稿效率，大大缩短投稿、审稿需要耗费的时间。

排版过程中也要充分发挥各种计算机软件的作用，计算机排版软件的运用可以大大提高排版的效率，也可以很好地增强排版效果。运用信息技术后出版的形式多种多样，电子期刊推出后可以把图片、视频、音乐、动画等插入期刊中，这样能够提高排版质量，吸引越来越多的阅读者。

1. 信息技术在期刊编辑中的应用

首先，期刊的编辑环节是期刊编辑出版工作中最核心的一步，也是决定期刊质量的关键环节。在传统期刊编辑出版工作中，编辑人员的专业素质和编辑水平在很大程度上决定了期刊编辑工作的专业层次，也决定了期刊的整体质量。在信息化时代的期刊编辑出版工作中，编辑环节主要通过计算机程序完成，由信息技术对编辑加工的逻辑关系进行控制，计算机程序编程语言的选择、程序员的逻辑思维和编程水平决定了编辑加工的质量、水平。如专业应用于稿件编辑加工的内容管理系统（Content Management System, CMS），将稿件的版式设计和内容分开存储。当有读者请求访问时，不同数据源汇聚形成个性化的期刊内容，充分利用计算机程序的逻辑思维，在一定程度上满足了读者多元化和个性化的需求。

其次，随着网络时代的到来和信息技术的广泛应用，期刊编辑工作性质产生了很大变化，信息时代背景下，必须重新考虑期刊编辑工作的角色定位。信息技术很好地解决了传统期刊编辑工作的烦琐与时滞问题，编辑工作人员可以通过网络迅速获得海量稿件信息，同时还可以运用筛选软件短时间内高效地获得理想稿件。从这个角度来看，编辑工作已经被赋予了灵活、创新的新特征。运用计算机

第八章　新媒体时代期刊编辑出版的转型发展

实现编辑工作的过程表明，在一定程度上程序已经代替了编辑人员，但编辑工作所蕴含的育人、管理功能则是计算机程序所替代不了的。这种人机编辑主要职能之间的角色融合，又赋予了编辑工作计算机操作的新职能。

2. 信息技术在期刊出版发行中的应用

通过互联网及信息技术，期刊出版在传统纸质版本基础上，还可以出版电子版本期刊。如教育领域最常用的CNKI（中国期刊全文数据库）已经为读者查阅、参考学术论文提供了非常全面和专业的信息库，而且还提供其他国内外学术论文数据库的信息链接。读者支付一定费用即可在任何可接入互联网的地方进入CNKI网络出版平台，通过在线阅读或下载存储的方式快速、便捷地查阅到自己想要的论文资料，还可以批量订阅，效率高、成本低、方便快捷。

综上所述，信息技术的应用几乎已经渗入期刊编辑出版工作的所有环节，而且还在不断深入结合，对期刊编辑出版工作产生了非常积极的影响，在很大程度上推动了期刊编辑出版工作的开展。信息采集终端技术和数据挖掘技术的应用，大大提高了信息采集的效率；信息管理系统的应用基本上使期刊编辑人员实现了数字化办公，很大程度上节省了编辑人员的工作时间，同时可以为编辑人员提供接触先进编辑知识的学习平台，使其掌握更多的现代科学编辑方法，从期刊编辑出版的角度学习更多信息技术，提高自身的综合素质，不断熟悉适应信息技术时代的网络编辑出版工作；各大学术论文期刊数据库的建立为电子出版提供了强有力的支撑平台，很大程度上促进了电子期刊出版的发展。与此同时，信息技术短时间内的飞速发展，使传统期刊编辑产生了一些潜在的问题，而信息技术时代的期刊编辑出版必然离不开计算机和互联网的支撑，那么网络维护工作就显得尤为重要。例如，计算机硬件、软件故障，服务器硬件的损坏或者系统感染病毒，系统升级因故障中断等，这些问题造成的数据丢失和损坏对于期刊编辑出版工作的打击都是非常沉重的。而现在的期刊编辑出版工作人员大多不具备相当专业的信息技术水平，对于突发的计算机安全故障不能及时应对，这就要求期刊编辑部门配备专业的服务器管理维护团队。这不仅在某种程度上提高了期刊编辑出版工作的成本，同时也影响了期刊编辑出版工作的运作效率。

三、信息技术在期刊编辑出版工作中的应用意义

在编辑出版工作的发展过程中，信息技术的出现使得其发生了显著的变化，为编辑信息的获取以及工作流程简化提供了可靠保障，同时也推动了出版方式的多样化，为编辑出版工作的发展做出了巨大贡献。

（一）提升期刊编辑出版信息采编效率

在编辑出版工作中，稿件质量是其核心内容，而通过积极应用信息技术能够为编辑出版行业的发展提供可靠保障。

首先，在传统编辑出版行业中，更多的是采用纸质材料，这就使得资料获取的速度相对较慢，往往需要花费大量的时间来进行资料的收集与整理。但是在信息技术的帮助下能够利用网络来进行资料的搜集，从而实现组稿效率的提高。特别是一个极大的信息数据库能够为工作人员提供更多的便利条件，实现编辑出版效率的提高。

其次，在当前的社会发展中，各行各业的竞争更为激烈，这就需要编辑出版人员必须时刻关注新闻热点，利用网络来获取更多的信息，加快信息的获取速度，从而打破时空限制。

（二）创新期刊编辑出版技术

在期刊编辑出版工作的开展过程中，运用好信息技术可以促进期刊编辑出版技术的改进与发展。运用好信息技术可以实现网上投稿、网上审稿、网上排版，也可以推动电子期刊的发展；运用好信息技术可以帮助期刊编辑出版单位更好地搜集到相关信息，也可以帮助编辑更好地查询相关信息。

在信息技术的应用下，信息传播、控制以及检测等环节能够更为方便快捷，这就为现代期刊编辑出版工作的发展带来了新的机遇。借助网络资源可为各项资料查询工作提供便利的条件，同时借助语音识别技术能够开展更为高效的编辑校对工作，实现了稿件质量的提升。信息技术的应用能够使传统期刊编辑工作存在的烦琐与滞后问题得到有效的解决，借助网络信息技术的优势在较短的时间内进行稿件的筛选，从而为编辑工作提供了更多、更灵活的方式。特别是在计算机编辑软件的作用下，编辑人员能够从诸多领域进行创新，实现人机编辑效率与期刊编辑出版工作效率的提升。

（三）控制期刊编辑出版成本

在期刊编辑出版工作过程中，信息技术的应用能够提高期刊编辑出版各项工作的效率。尤其是在投稿阶段，应用现代信息技术有利于降低作者投稿成本，也有利于提高期刊作者投稿的效率。以前由于信息技术不成熟，作者投稿必须通过

第八章　新媒体时代期刊编辑出版的转型发展

邮寄的方式，邮寄稿成本高、时间长，甚至还可能出现稿件遗失的情况。邮寄投稿给作者投稿带来了诸多不便，还不能很好地提高投稿速度。信息技术在期刊编辑出版工作中的应用使得作者直接通过网络就可以投稿，而且期刊编辑直接在网上就可以开展审稿工作。网络投稿还可以确保投稿的安全性，能够避免稿件遗失情况的发生。除此之外，期刊编辑也可以在网上与投稿者进行交流，提出修改意见，这样就会大大提高期刊编辑收稿、审稿工作的效率，大大加快期刊编辑出版工作的进程。在信息技术的帮助下，可以充分发挥各种期刊排版软件的作用，提高期刊排版设计的效率，减少期刊编辑排版工作消耗的时间。期刊排版工作需要依靠的编辑也可以大大减少，最终提升期刊排版效率，减少期刊排版的成本消耗。

在信息技术的广泛应用下，编辑成本能够得到有效的控制。在开展各项工作的过程中，编辑能够利用网络进行相关资料的收集，然后再开展相应的选题策划以及组稿工作。在传统的稿件传输当中，更多的是依靠手写的方式，然后采用邮寄的手段来投稿，稿件的安全性受到了较大影响。这就使得编辑审稿的时候工作人员的任务量加大，同时也容易出现错误。在这种情况下，网络投稿方式能够更好地节约时间，同时保障稿件的安全，减少中间环节，实现了编辑成本的有效控制。与此同时，在计算机技术的广泛应用下，能够借助各种软件开展排版设计工作，实现工作时间的节约，从而减少人员开支，利用各种检索软件提升稿件的质量，为编辑出版行业的发展提供可靠保障。

（四）实现期刊编辑出版方式的多样化

在期刊编辑出版工作过程中，信息技术的应用能够促进期刊编辑出版方式的多样化发展。信息技术应用于期刊编辑出版能够打破传统期刊编辑出版工作的限制。尤其是现代人民群众对纸质阅读的喜爱度有所降低，并且随着生活压力的增加，人们忙于生活，迫于生活压力，其消耗在纸质阅读上的时间越来越少。为了满足人民群众的阅读需求，为了适应人民群众阅读习惯的转变，现在很多期刊运用信息技术不断推出电子期刊。

信息技术的应用创新了期刊编辑出版方式，电子期刊的推出让人民群众可以不限时间、不限地点开展阅读，期刊内容可以更好地呈现，人们也可以借助信息技术更加高效、便捷、快速地阅读。期刊编辑工作人员也可以运用信息技术以及网络技术不断地获取各种各样的信息，这样能够推动期刊编辑人员丰富知识，也能够及时更新期刊编辑人员的知识体系，让期刊编辑人员在编辑出版中推动期刊内容的创新，让期刊能够顺应时代发展的需要，不断地增加新内容。

第二节　新媒体时代期刊编辑出版的数字化转型策略

一、新媒体与期刊数字化

（一）新媒体的概念与内涵

当下随着移动互联网信息技术的快速发展，相比传统的媒体传播形式，新兴、多元化新媒体的出现，如微信、微博、微视频等各种社交媒体，激发营销者们重新探索新的媒体形式。古奈柳斯（Gunelius）认为新媒体是品牌的一种营销模式，具体来说是运用社会化媒体工具（博客、社区、Facebook）来宣传企业品牌，从而达到扩大企业品牌知名度的目的。邓新民指出新媒体即"第五媒体"，是继报纸、广播、电视、互联网后出现的新的媒体，新媒体的"新"是指媒体形式的发展永远处于一个相对的、不断更新的过程。王颖认为新媒体是一个使得顾客积极主动地成为价值的创造者及分享者的平台，是新型的广告传播的载体。宫承波认为新媒体是随着Web2.0的到来而诞生的，是为顾客提供信息、服务、娱乐等终端电子信息的所有传播手段和传播形式的总称。

随着信息技术的不断更新与变革，新媒体的内涵在技术与理念的融合发展中不断丰富起来，人们已然不能用具体的新型媒介形态来概括或解释"新媒体"这一概念。学术界对于其概念与内涵的理解众说纷纭，主要有如下一些观点。

从新媒体的概念来看，最初网络媒体的流行激起研究者对于新型媒介的研究兴趣。在这样的时代背景下，联合国教科文组织将新媒体的概念与具体形态上的网络媒体等同，但在本质上它仍然是一个缺乏全面学术理论意义的模糊概念。后来美国《连线》杂志以"所有人对所有人的传播"来定义新媒体，这个理解在一定程度上拓宽了新媒体的学术含义，让研究者们能够从更高的学术视角来审视这一概念。在之后国内学者对该概念的审视中，陶丹等认为新媒体是以数字技术为根本、以网络为载体进行信息传播的新型媒介。这是一个相对狭义的理解，在对新媒体的实证研究中运用最为广泛。蒋宏等在后来的研究中指出新媒体概念的时代、技术等属性，认为新媒体在特征表现上能推动传播范围扩大、传播速度加快、传播方式得到丰富。熊澄宇则从广义上对新媒体概念进行了定义，认为新媒体首先是一个相对的概念，媒体处于不断发展变化的过程中，所谓"新"是相对

第八章　新媒体时代期刊编辑出版的转型发展

过去而言。以上学者的讨论并未清楚地界定新媒体的具体含义与表现形态，但是揭示了新媒体具有的两种属性——技术属性与发展属性：首先，新媒体是不断发展的媒体概念，强调相对旧媒介而言的新媒介技术与传播手段；其次，就时下信息时代而言，它是以科学技术为驱动，以提高传播与交流效率为终极目标的新兴媒介。

从新媒体的外延来看，最初的新媒体定义涵盖了21世纪以来以Web2.0为基础的计算机、网络通信等新兴技术驱动，在具体的媒介形态上包含了手机媒体、自媒体、网络媒体、智能媒体终端等不同的多样化技术形态。在传播学界，郭庆光将新媒介的概念外延扩展至包括移动网络终端、光纤电缆通信网、图文音像电子出版物、手机短信、多媒体信息互动平台以及互联网等在内的新型传播媒介。就这个概念而言，新媒体作为一种具体的媒介形态，超越了传统的信息传播含义，外延十分广阔，是相对广义的理解。匡文波对新媒体的外延提出了总结性的简单概括：就目前来看，新媒体主要包括网络媒体和手机媒体。综合上述描述来看，在一定的网络技术基础之上，新媒体的内涵随着网络技术的发展变化也在不断地扩展。例如，近几年来，社交网络不断发展，APP自媒体、网络直播、抖音、快手等短视频迅速占领一席之地，成为新媒体的重要组成部分，新媒体的外延也进一步丰富起来。

传统媒体的概念是在新媒体不断发展的过程中得出的，是在新时代互联网与新媒体环境下相比较而来的，而且传统媒体主要通过一些必需的媒介来进行信息传递，如报刊、书籍等。对比来说，传统媒体在运营上具有一定要求与层次，讲究严谨，有较高质量水准并有引领主流意识的作用。新媒体相对而言传播自由度更高、时效性更强。在时代发展潮流下，很多传统媒体、主流媒体也不断融合新媒体建设，打造"媒体平台化、平台媒体化"形式，推出更多新媒体产品。

在新媒体环境下，传统媒体、主流媒体与新媒体的融合成为发展趋势。在传统媒体时代，受众之间的信息传播需要一定载体，"分享"也在一定的领域及范围内；在新媒体的公开环境下，主流媒体与新媒体之间交互融合，在媒体融合过程中实现资源共享，扩大期刊出版的影响力，使得期刊出版能保证科学性、及时性、准确性。可借助传统媒体深入人心的媒介形象以及受众基础拓展期刊出版方式，在宣传时囊括新媒体平台同期推荐，在获得主流媒体推荐的同时保持宣传时效性以及更广阔的传播性，借助主流、传统媒体在传播资源上累积的优势，让新媒体传播更具立体性，更有层次感。

（二）期刊数字化的概念与内涵

追溯我国出版业的数字化起源，发生于20世纪90年代，人民邮电出版社、北京大学、电子工业出版社等一批最先掌握先进技术的院校与企业提出，要设计和开发出一套由出版社或者企业可以自主应用的数字化图书管理信息系统。自此，各大出版社纷纷加入了数字化出版这个大家庭中。

关于数字化的一些基本概念及其应用界定还仍然处在探讨与研究阶段，作为权威的科学技术工具书籍，例如《大不列颠百科全书》《辞海》等也尚没有对其做出明确的定义。所以，当前对于"数字化"这一学术用语的正确理解及其实际应用，一直处于一个比较复杂多元化的讨论阶段。

陈刚在《什么是数字化？》一文中把数字化的概念分为了两个层面，一个是技术的层面，数字技术通过将人与物的各种信息进行转化，变成信息编码，从而进入更高层次；第二个层面就是先进的数字信息技术发展所带来的各种社会影响和数字化产业的变革，其中最重要的变革就是人类生活方式和生产方式的结构性变革。而熊云在《数字化背景下纸质材料的设计表达研究》中对数字化的概念进行了广义与狭义上的理解。狭义上的理解就是数字化将各种例如数字图像或者是声音等的信息，由复杂多变的信息形式转变成各种可以进行精确度量的物理数据。而广义上的数字化也是我们可以理解的，就是以传统数字信息技术的应用为基础，深入研究并进一步促成数字化应用的对象或应用领域方面进一步发生转变，并进一步推动数字化社会的发展和经济转型的数字化过程。

期刊数字化是一项工程，它的目的是实现信息和知识的高效高质输出，将期刊资源的组织和开发作为基点并整合资源，提供期刊资源出版和交流服务。期刊数字化的内涵，是以纸质期刊为基础，将载体和阅读形式进行数字化转变，其主要特征表现为介质多元化、推广网络化和传播立体化。介质多元化是指通过期刊数字化，可以很好地应用磁、光、电等介质，使得传统期刊仅限于纸质出版的局限性得以消除，实现信息存储的数字化。推广网络化是指随着互联网的普及，期刊出版的内容、编辑流程、经营等要通过自建门户网站或者借助期刊集成平台（如中国知网、万方数据等）等方式，必须利用网络才能为读者提供数字化期刊服务。传播立体化是指数字化后的期刊能够不受版面和纸张的限制，实现网络化或者移动化呈现，颠覆传统期刊平面式的传播模式，从而实现立体化传播。

期刊数字化工程的内容包括五个方面，分别为知识整合体系、知识交流体系、知识评价体系、知识发表体系和知识服务体系。在这五大体系下，对期刊进行二进制编码、数字化集成、系统化整合和电子化传播，最终形成数字化期刊。然而我国的期刊数字化建设还存在许多不足之处，如知识产权保护问题、期刊编辑部缺乏数字化意识、数字化期刊建设缺乏统一标准、电子期刊收费问题、电子期刊的保存问题等。另外，数字化期刊，尤其是数字化学术期刊并没有实现期刊编辑出版全流程的数字化，包括中国知网和万方等在内的平台也只是实现了期刊传播过程的数字化，而约稿、收稿、审稿到最后发行以及读者互动等流程，还并未实现真正意义上的数字化。

所以说，期刊数字化虽然已经是期刊界和出版界在数字化过程中迈出的重要一步，但绝对不是最终结果。如何解决上述问题，实现期刊出版全过程的数字化，还需要更加深入的开发与研究。

（三）期刊数字出版的概念与内涵

简而言之，数字出版是通过使用数字技术去完成创建、管理、传播出版物的整个过程。中国的数字出版大致经历了三次技术层面的革命，即第一次完全告别"铅与火"的版面出版，第二次是集影、视、声于一体的现代多媒体数字出版，第三次就是互联网技术出现后的新时代网络数字出版。

数字化与电子出版的理论研究最早开始于2000年，赖茂生在《从电子出版到数字出版》一文中首次明确提到了"数字出版"这一名词，其后学者们从不同范畴对其进行了概念界定。在赵玉山的《出版业的数字化趋势与应对策略》中，他认为"数字出版通过借助于电子与数字技术，将声音、文字、图片等各种信息用数字编码的方式记录在各种电子设备中，通过特定的条件、设备才能获取"。张立在《数字化出版相关概念的比较分析》中这样写道："数字出版使用二进制对数字出版的流程产生一种阶段性或全局性的影响，可以被视为一种数字出版的形式，包含了作品形式的数字化、编辑方式的数字化以及出版印刷的数字化。"2009年6月，澳大利亚学者界定数字出版为"将互联网作为传播渠道的出版形式，通过建立数据库实现重复使用目的"。中国学者阎晓宏赞同这个观点和界定，但是他认为数字出版信息网络的概念才是更为科学的概念，其既可以包括互联网也可以包括局域网。

关于我国数字出版，其实可以从广义与狭义两个角度来看。广义的数字出版指通过数字出版技术进行的一切编辑出版生产或经营活动；而狭义的数字出版则指在符合国家相关出版规定的前提下，具有合法经营出版资质的企业利用数字化技术来完成编辑出版活动的流程，国家相关部门会界定其是否合理。

数字出版是在计算机技术、网络技术、通信技术等新技术发展的背景下产生的出版业新业态，数字出版没有改变传统出版的性质和目的。相较于传统出版，数字出版有其特殊性：①数字出版依赖数字化加工技术和数字化生产方式。②数字出版呈现多种形式，包括电子书、音乐、视频、动漫等。相比较以往的阅读模式，现代读者更注重阅读体验，更偏好个性化、碎片化的信息或知识。数字出版不再是简单提供内容，而是提供服务，从而实现产品价值。③数字出版的传播方式区别于传统出版的传播方式，借助新的科学技术实现了电子阅读器、微信、微博等新兴的阅读和传播方式。④数字出版的赢利模式呈现多样化趋势。⑤数字出版不再由出版商主导，而是内容提供商、技术商、通信运营商等多方面合作的结果。

数字出版的发展趋势有如下几个方面。

①继续探索出版融合发展方向。融合发展是一个根植于现实的多元化、新兴的研究领域，其理论和实践仍处于发展阶段，研究状态仍然很活跃，远远未达到成熟状态。对融合发展的相关研究是我国数字出版的新的热门研究方向，研究人员研究了数字出版业与传统出版业之间的融合、产业链的创新以及产业发展的战略转型等方面。数字出版生态结构链由内容提供商、渠道运营商、终端厂商以及受众构成，它们共同推动数字出版产业的融合发展。未来，研究者们将会继续探讨新的产业融合路径来应对不断变化的社会。

②探讨数字阅读在未来的普及和优化。未来数字出版将会更加关注读者的阅读偏向。消费者的阅读习惯跟随技术的发展和思想的变化，产生了巨大的改变，未来的数字出版应该以新时代社会受众阅读习惯的改变为背景。阅读的终端在不断变化，阅读的场景更加多元，更加与人们的生活场景相交融，受众的阅读习惯也在发生改变。很多青年受众或未成年受众的阅读习惯已经由传统纸质图书阅读转变为多渠道接收信息，阅读行为也由单纯的阅读转向生产行为。因此，未来的数字出版应把视角放得更加宏观，不要仅仅关注数字出版产业本身的内容，现在的研究重点正在向针对受众的研究转变，相信未来的数字出版视角会更加宏大，更贴合社会实际。

③新兴技术在数字出版中的应用将得到加强。数字出版将继续以技术革新为导向。5G与区块链、大数据、虚拟现实、人工智能、物联网等技术的纵深发展，内容产业全方位、全流程应用新兴技术，智能化发展速度不断加快，内容供给可持续性强且质量高。研究者们多从技术的发展路径以及原理入手，探讨如何让新兴技术应用于数字出版领域及技术如何为出版服务，指出当前技术在数字出版产业应用过程中存在的问题，提升产业发展速度。在内容为王的前提下，学者们思

考如何在数字时代聚焦用户需求、制定统一标准，加强监督，以形成跨域合作，朝着更加智能化、人性化的方向发展。未来，技术与数字出版将会融合得更加紧密，也会有一批技术研究人员跨学科进入数字出版研究领域。

④探寻高质量数字出版人才队伍建设路径。数字出版将继续就数字时代人才培养的模式进行探究。随着融合发展的快速推进及数字化转型的加速，社会对所需要的数字出版人才的能力也有了质的改变。5G时代来临，出版行业工作者必须拥有互联网思维，积极拥抱互联网，全面把控媒体发展，向产品经理方向转型发展。数字出版人才的培养也必须成为学界和业界高度重视的问题。出版教育必须担起新时代出版人才培养的责任，从理论和实践的角度来培养人才，对不同学历层次的人才培养要发挥院校优势，利用"产学研用"机制培养一批既有互联网思维又有实操能力的复合型数字出版人才。未来，研究者们将继续探讨数字时代需要什么样的人才以及数字出版人才的培养策略，继续寻找实用的人才培养路径。

期刊的数字出版与期刊数字化不同，它不再依托于纸质期刊，而是实现流通介质、渠道、赢利方式等的数字化转变，完成在线收稿、审稿、编辑、组版、发行等流程。也就是说，期刊的数字出版实现了流通介质数字化、交流渠道网络化、运营形式数字化、出版流程数字化等全方位的数字化。另外，数字技术发展迅猛，致使出版业、影视业甚至服务业之间的边界不再明显。因此数字出版的范围得以扩展，如动画、游戏、网络服务等类型的数字内容产业，打破了期刊数字化要以纸质期刊为基础的局限，实现了载体、内容、管理、传播等的全面数字化。

与传统出版相比，数字出版传播速度提升，传播形式丰富，节约纸质资源，提供海量存储以实现内容的检索和增值，简化出版程序，更加节约成本。通过对概念、内涵的分析，归纳出"期刊数字化"与"期刊数字出版"的几点不同：第一，期刊数字化还需以纸质期刊为基础，而期刊数字出版则完全脱离了纸质期刊；第二，期刊数字化所需的介质除了纸张之外，还运用了磁、光、电等介质，而期刊数字出版的介质只有网络；第三，期刊数字化依然依托传统运营模式，而期刊数字出版完全采用数字化的全新运营模式；第四，期刊数字化还需要将纸质期刊作为后续数字化出版的基础，因此并未实现全出版过程的数字化，但期刊数字出版则实现了从收稿到发行的编辑出版流程全过程的数字化。

谈到数字出版，还有两个概念值得关注，即"优先数字出版"和"网络首发"。优先数字出版是将已录用纸质期刊论文以数字出版的手段超前出版，具有出版时效快、版式灵活、传播广泛等特点，可以分为整期优先出版和单篇优先出版，其中单篇的灵活性高于整期。网络首发是中国知网为进一步解决出版周期时滞问题、规范网络期刊出版方式而启动的一项工程，即录用稿件不必等到期刊整期定稿就可以在知网实现网络首发，比优先数字出版系统更为完善，进一步提高了学术期刊的出版时效。尽管目前两种形式的期刊在论文首发权、学术成果认定等方面已较为成熟，但是还未被完全接受，科研工作者仍更倾向于在纸质期刊上发表文章，因此优先数字出版和网络首发属于期刊数字化和期刊数字出版的过渡形式。

通过阅读期刊数字化与期刊数字出版方面的文献可知，许多作者并未对期刊数字化和期刊数字出版做出明确的区分，或是将期刊数字化和期刊数字出版认定为同一概念。期刊数字化和期刊数字出版是两个完全不同的概念，它们是传统期刊向数字化期刊过渡的两个阶段。

在社会发展的进程中，科学技术往往起着推动社会发展的作用，而期刊出版的发展进程同样可以通过出版技术的发展得以反映。参照我国20世纪80年代的计算机技术、20世纪90年代的互联网技术、21世纪初互联网协议第6版的产生以及3G、4G乃至5G通信技术的应用，我国期刊的数字化发展可划分为三个阶段：第一，奠基阶段（1985—1993），这一时期汉字数字化技术、激光照排技术、光磁存储技术的应用成为电子出版技术的基础，各类排版系统和软件开始运用，期刊数字化开始萌芽，也就是"期刊数字化"阶段；第二，初步形成阶段（1994—2004），出版领域在这一时期广泛运用网络技术，致使期刊编辑的全流程实现了数字形式的变更，这是我国期刊数字化发展的起步阶段，也就是"期刊数字出版"的初步形成阶段；第三，创新与发展阶段（2005—2020），这一时期移动网络技术大力发展，使得期刊网络采编系统、学术不端检测系统等得到了普遍应用，开放获取、网络多媒体互动、云计算等平台和服务实现了期刊数字出版的全流程管理，使我国的数字出版技术得到了创新与发展。

然而以上所划分的数字出版技术三阶段立足于学术期刊与非学术期刊的整体，若仅仅考虑学术期刊，其数字出版的现状仅能达到第二阶段，即期刊数字出版的初步发展阶段。虽然我国学术期刊的数字化转型也取得了初步的进展，但是在整个期刊界的数字出版进程中并未占据主导地位，造成这种局面有如下几个方面的原因。

①传统管理机制的制约。如学术期刊受到历史因素的制约，主管主办制度使得学术期刊在跨单位合作上存在许多困难，各种资源均依赖于主管主办单位，最终经济效益也不理想。而这种管理机制在短时间内又很难转变，因此无法在现阶

第八章 新媒体时代期刊编辑出版的转型发展

段实现真正的学术期刊数字出版。

②专业人才的制约。期刊未能真正实现数字出版，在人才方面的制约主要表现为缺乏既懂出版又懂数字技术的专业人才。我国目前忽视了对众多期刊工作者此方面能力的培训，造成了出版工作者不懂数字技术、数字工作者又缺乏编辑出版能力的局面。

③办刊理念的制约。目前大多数学术期刊由科研院所主办，不受市场风险的影响，所有流程均按照传统的模式实现，缺乏与时俱进的数字出版与传播的办刊意识和办刊理念，也就直接导致了实际期刊出版工作受到制约。

因此，期刊若要实现真正意义上的数字出版，首先要从转变办刊理念开始，秉承与时俱进的期刊数字出版的办刊理念，既遵循传统期刊的研究思路，又不失数字时代的创新性；要培养兼具出版专业知识和数字技术专业知识的复合型人才，打破传统管理机制的制约，充分利用学术期刊的资源优势，在数字出版技术日渐成熟的今日，早日实现学术期刊数字出版，使得数字出版技术为读者提供更多的学术成果。

（四）期刊数字化转型的概念与内涵

最早定义"数字化"的人是尼葛洛庞帝，他于1995年在著作《数字化生产》中将信息简化为由数字0和1组成的二进制代码，曾经复杂的文字信息在互联网时代已变成"简单"的0与1的排列组合。相较于复杂多变的文字信息，工整有序的数字更加系统化，可信度与专业度也大大提升。数字化甚至不仅限于内容出版，它还可以运用到期刊生产的各个环节。例如，运用数字化实现海量信息的整合，更加方便编辑与读者的整理与查阅。

数字化转型利用5G、大数据、云计算、人工智能、物联网等数字化技术，对公司的业务进行数字化转型。数字化转型可以分为两类：内容以及运营的转型，即生产更适用于互联网用户的内容，利用数字化技术提升期刊内部运营的整体水平。

内容上的数字化转型是将传统的纸质内容，除了在原本内容上做出改变，使之更贴近新媒体用户的阅读偏好外，还融入了数字化技术，加进可视化内容、音频、动态内容等，使原本枯燥的文字更加生动有趣。同时，原有纸质版期刊与读者的互动通常运用邮件进行，没有专属的社群平台，这样不仅耗时，沟通也未必有效。但现在期刊在留言评论区就可以与读者进行互动，传播效率大大提升的同时，也摆脱了传统期刊死板陈旧的刻板印象，有利于期刊形象的转型。

对于传统期刊数字化的运营转型,并不只局限于媒介融合理论下的新媒体转型,它还囊括了一些管理学、营销学的知识。运营转型可以大致分为编辑生产制作全流程的数字化、内部员工管理的数字化、线上线下等营销策略的数字化等。区别于原本低效率、低产出的传统运作模式,数字化运营运用数字化技术将数字化融入公司运营的方方面面,可以显著提高公司运营的产出率与工作效率,避免了资源的浪费。

数字化转型为期刊出版带来机遇,任何数字化转型必须运用科学、有效的转型方法,未来期刊出版之间的竞争优势将会体现在数字化转型是否成功上。第一,数字化转型涉及期刊出版业务流程的数字化、市场营销的数字化、运营管控的数字化、数据平台系统化、期刊出版管理的数字化等方面。期刊出版的数字化转型成功与否在于运用技术能力的高低,因此数字化转型首先要做的就是提高期刊出版中运用新兴技术的能力,充分使用移动互联网技术、移动通信技术、大数据分析技术、区块链技术、云计算技术等。第二,期刊出版数字化转型要讲究转型的方式与策略,在对期刊出版各个方面进行深入分析、总结的情况下,制定适合期刊出版实际情况的数字化转型策略。第三,期刊出版数字化转型取决于期刊出版的各类资本、宏观环境以及出版行业的发展。第四,期刊出版数字化转型要内外兼顾,由外向内,提升用户体验、改善供应商之间的关系;由内而外,改变生产方式、管理机制等。

二、期刊编辑出版的数字化转型研究

(一)期刊数字化相关研究

期刊数字化区别于数字化期刊。数字化期刊是以数字形式存储于光、磁等介质上,并可通过计算机等设备在本地或远程读取利用的连续出版物,而期刊数字化的转型过程是随着数字出版技术的发展不断进化的一个动态的过程,因此对于期刊数字化的界定必然会随着数字出版技术的发展而变化。

曾建勋认为期刊数字化是指投稿、审编、出版、订阅、查询等全过程均在网上实现的数字化期刊,并不只是简单的电子期刊。新闻出版署在 2010 年对数字出版进一步进行了明确的界定,即利用数字技术进行内容编辑加工,并通过网络传播数字内容产品的一种新型出版方式,其主要特征为内容生产数字化、管理过程数字化、产品形态数字化和传播渠道网络化。胡政平认为学术期刊数字化就是把作为知识刊载平台的学术期刊与作为科技先导的数字化相结合,也就是学术期

第八章 新媒体时代期刊编辑出版的转型发展

刊资源（刊载成果）的数字化，即知识信息的数字化。苏娟认为期刊数字化指依托传统期刊的内容资源，用数字化工具进行的立体传播。赵慧颖认为期刊数字化是指在网络环境下，出版内容、编辑流程、传播方式、经营方式及期刊社内部管理等的全方位数字化。

基于以上研究，期刊数字化是利用数字技术使期刊内容数字化，并通过互联网实现信息的全方位传递，实现编辑部多方面的数字化管理。

1. 期刊数字化的国内研究现状

国内对期刊数字化的研究既包括理论层面的探讨，也包括实践方面的尝试，主要集中在以下几个方面。

①关于我国期刊数字化转型必要性的探讨。刘泠、王国柱认为数字化是期刊发展的必然趋势，我们应当在网络转载、摘编时坚持"先授权、后使用"的规则，以实现对期刊经营者利益的充分保护。肖骏认为传统出版向数字化出版转型是未来的必然趋势，期刊社应尊重时代发展的规律，认清自身发展方向，有效地把握数字化转型的关键期。栾天琪、段竺辰认为在数字化的环境中，信息技术与传统出版应积极融合，因其势而利导之，是期刊持续发展的前进方向。

②关于我国期刊数字化转型发展路径的探讨。2017年3月11日，在《体育与科学》举办的以"学术期刊引领力"为主题的论坛中，冯连世指出，随着纸刊的衰落，网络下载、阅读和引用等成为期刊运营和发展的重要指标。在此基础上要进行期刊平台的网络化、电子化建设，并建议在下一步的发展中考虑如何加快网络化进程，提高期刊跟读者见面的速度。刘米娜认为提高刊物的时效性和扩大受众面，能够增强刊物的学术传播力和社会影响力。秦洋洋认为，在应对智媒时代所带来的挑战时，社科类学术期刊应积极进行内容生产的数据化革新、编辑身份的突破与才能提升以及刊物自身的功能转型。韩雪莉对《红旗文稿》转型面临的机遇与挑战、转型发展与媒体融合实践以及其媒体融合建设成果进行了深入的探讨，认为在媒体融合时代，《红旗文稿》融入互联网媒体的传播优势，构建了符合时代诉求的展示平台，为自身理论传播与影响力提升注入了强大"动能"。在进行媒体融合转型时，要树立理论权威的内容思维，使用新技术创新传播形态的产品思维，立足读者阅读习惯的传播思维，深化理论研究，增强内容实用性，在转型发展中实现社会效益与经济效益的真正统一。朱剑认为要构建互联网时代新的学术传播秩序，就必须改革期刊管理体制，推动学术期刊专业化、集约化和数字化转型以及体系化建设；学术期刊则应利用现行体制给予的学术传播主体身

份主动实现媒体融合发展,赢得改革的先机。

③关于我国期刊数字化转型发展中具体问题的探讨。许家伟认为学术期刊评价面临着新媒体引入、新技术应用、开放期刊推广和新兴机构竞争以及职称评定改革、人才评价机制改革等多重问题。王明亮、刘学东等人认为学术期刊、图书馆以及作为桥梁的网络平台必须协同运行,形成"刊—网—馆"融合运营模式,以实现科研成果的传播与应用。袁阳认为应基于协同研究与协同创作的学术期刊出版平台,进行学术期刊的二次传播。总的来说,学者们对于我国期刊数字化转型发展中的具体问题的探讨涉及多方面、多层次、多领域内容,有宏观视角,也有微观视角。

2. 期刊数字化的国外研究现状

在我国期刊纷纷摩拳擦掌、准备迎接数字出版时代的浪潮中,国际知名学术期刊早已走上集约化的发展道路,通过各种资源整合,将传统纸质期刊和数字化、网络化等相结合以最大限度地实现全媒体出版。

国际知名期刊出版集团爱思唯尔(Elsevier)的副总裁、技术服务研究与发展实验室负责人艾伦(Allen)博士认为,虽然学术期刊的媒体融合出版属于新生事物,需要不断地探索和研究,但无论怎样,这不是简单的潮流,而是一种必然趋势,随着网络技术的迅猛发展、受众需求的日益增长,学术出版必然由传统形式转向多种媒体融合出版。有学者在研究中用具体的数据告诉我们国际上学术期刊数字出版的现状。国外学术期刊数字化已普及,任胜利在《开放存取(Open Access):现状与展望》的研究中发现,其科学、技术、医学类期刊数字化比例达 96.1%,艺术、人文、社科类期刊数字化比例达 86.5%。其中以开放存取(OA)的纯数字期刊为代表实现了飞速发展。

在传播途径和内容上,刘红在《国际学术期刊数字化发展趋势及思考》的研究中发现,《英国医学期刊》《新英格兰期刊》等国外刊物已然实现了网络平台、手机移动 APP 等多渠道传播;《科学》《自然》都推出了多媒体出版版块,数据的提供不再受到表现形式和篇幅的限制,增加了图片、音视频等以再现论文研究的背景与过程,SciVee 平台则实现了随文添加文字、自拍实验、教程视频等多形式融合的内容出版。

在功能与形式上,有学者认为国外已从知识的传播逐渐转型为知识的服务,主要表现为期刊在成果提供的形式和结构上适应数字化的特点。从传统期刊图文受篇幅限制的相对固化形式转变为采用音视频多种媒体并存的动态形式,更加丰富。甚至,目前已经存在完全采用视频形式出版的期刊,如可视化实验期刊

第八章 新媒体时代期刊编辑出版的转型发展

(JoVE),通过视频等形式呈现论文的整个实验过程、细节和技巧,给相关研究者带来直观感受,实验变得可重复、可验证。

在评价机制上,有学者认为,同行评审的论文评价制度以及学术期刊使用和影响力评价机制需要创新。刘红研究发现,在国外开放存取模式日渐成熟的背景下,新的期刊使用和影响力评价机制形成。在数字化环境下,用户参与度与互动的加强,下载、收藏、评论、转发等可计量的使用形式越来越多,跟踪和统计的途径及维度也越来越丰富,如果与读者本身的数据相结合进行分析,就能形成新的学术期刊和学术论文评价机制。

在人才培养上,对于新型出版人才的培养也是外国期刊出版研究的重点之一。尽管外国出版社的出版技术可能会超前于我国学术期刊出版技术,但是专业的采编技术人才仍是其发展中的重点,期刊数字化发展的程度越高、产业链越完善,对于专业人才的技术水平和学术水平的要求也就越高。

总的来说,国外的期刊由于非常重视自身的品牌建设,因此降低了录用率以提高自己期刊的质量,但在发展中也存在一些问题,如投稿的论文重复率很高等。虽然目前我国期刊投审、编校、发行、出版、订阅基本已实现数字化,但是对于期刊的质量仍旧需要严格的把关。期刊数字化的转型不能因为传播速度的增快而忽视期刊的质量,应与内容质量、传播速度共同增长,从而实现数字化转型。

(二)出版数字化转型的研究

从数字化转型的具体过程来看,制定完善的行业标准和产权保护制度是提升企业数字化转型动机的关键因素。基于此,部分学者针对数字化转型进行了一系列的研究。同时,数字出版建设离不开互联网等技术的应用,即数字出版的发展应当建立在完善的信息化产业的基础上,正如比尔(Bill)所言,自互联网等信息技术出现后,数字出版的应用才开始逐渐普及。整体而言,关于数字化转型的研究可以概括为经营环境、市场因素和信息化产品三类研究。

1. 关于经营环境的研究

经营环境包括企业内部的人才吸纳能力和外部的数字化建设环境。胡容对当前出版社所面临的内外部环境进行分析,认为出版社的体制问题是制约出版社数字化转型的主要因素,而高度的市场竞争和信息转型挤压了出版企业的利润,从而导致企业的数字化转型研发投入较低,不利于数字化转型发展。雷鸣则认为,我国出版领域的数字化整体程度相对较低，未能形成数字化技术的规模经济，即对于相同的技术，不同出版社需要重复开发使用。这种重复性的工作降低了行业资源配置效率，阻碍了行业发展。考虑到出版社数字化转型的大趋势，部分学者根据当前的状况提出了部分优化策略，旨在更好地促进企业实现数字化转型。冷桥勋指出，人力资本是驱动出版社数字化转型的关键因素，因此出版社应当加大人才引进力度，提高企业内部的人力资源水平，从而通过知识溢出效应更好地推动企业实现数字化转型。李丽萍则结合互联网发展的趋势来分析出版社数字化转型的突破口，认为出版社应当充分抓住在线教育的机遇，利用互联网等便捷的信息获取方式和传播渠道，实现企业数字化转型的高质量发展。

　　向飙则结合我国数字技术的应用环境，对出版社数字化转型提供了新的路径。但和上述观点重视出版社本身所不同的是，其更加关注数字平台的管理，如对中国知网等期刊网站的管理。其核心观点是专业图书应当建立相应的网站，实现各类图书数字化传播的高效管理，同时为保证各类图书的版权采取相应措施。于祝新则从出版社视角进行了补充，认为出版社可以利用数字平台的用户信息，通过分析用户的访问次数和访问时间来分析用户对于不同类型图书的需求，进一步针对不同年龄段的用户设置分类版块，从而提高产品营销的精准性，实现精准传播的目的。对于高校类的数字出版企业而言，其经营发展同样受数字化环境的影响。如孙莹以华东师范大学为研究对象分析发现，出版社通过网络学习平台和电子商务等平台可以拓展出版企业的数字化销售渠道，实现产业的规模化发展。

　　2. 市场因素

　　从市场因素来看，企业数字化转型的最终目的同样离不开市场销售，因此部分学者认为市场因素是出版社实现数字化转型的关键突破口。陈松和王羽佳通过分析数字出版的市场环境指出，当前数字出版面临的主要问题是营销法治环境建设不够健全，且营销理念和市场真实需求存在偏差，因此企业在实现数字化转型的过程中需要树立良好的营销理念。这一过程也离不开市场中营销环境法治化建设的保障。这和张恒山等的研究结论一致，因此企业在实现数字化转型的过程中，不仅需要结合数字技术改变业务形态，也需要注重市场销售因素。屠法和刘美华从经营模式视角进行分析，指出企业在数字化转型的过程中需要充分考虑所传播的内容，进行内容升级，而不是仅仅将相同的内容以不同的媒介进行呈现。如在数字技术背景下，出版社应当提高内容的可视化程度，优化内容的质量，探索更加新颖的经营模式。

第八章 新媒体时代期刊编辑出版的转型发展

张大伟以15家民族类出版社为研究对象，通过实地调研分析出版社编辑对于数字出版的理解以及出版社数字化转型的策略，研究发现大部分编辑认为出版社的数字化平台建设存在诸如人才缺乏和管理不到位等问题，且整体来看出版社的数字化转型策略相对保守，而加强公共服务和引入市场竞争能够改善数字化转型动机不强的现状。张俊则关注数字出版的内容和技术，认为数字化转型是推动出版行业在互联网时代发展的关键动力，在这一过程中编辑的作用较大，因此在关注出版社数字化转型的过程中还应当加强编辑的管理能力。施其明对编辑的保守行为进行了进一步解释，认为虽然数字化转型的深化能够改变出版企业的经营模式，为出版社带来更多的营业收入渠道，但不可否认的是，责任编辑是出版社的主要代表人，因此其需要承担相应的经营风险和责任。而编辑的个人风险偏好的差异和出版工作中的不确定性因素均会影响编辑对数字化转型过程的推进。对于出版企业而言，应当遵守出版原则，调动编辑的积极性，加快出版社数字化转型发展进程。

张翠则着重关注互联网时代技术变迁对于出版行业所提出的新要求，其认为互联网时代的高速发展必然会促使出版社加快数字化转型，出版企业应当抓住互联网时代的发展机遇，积极培养复合型人才，利用互联网的优势提高出版企业的营销能力和加快产学研结合，这有助于提高出版企业的市场竞争力。刘伯根将中国出版集团的改革案例作为分析对象，进一步证明了互联网时代对出版企业的新要求，因此加快媒体融合、顺应互联网时代的发展潮流，出版企业才能更好地实现突破。刘洋则结合实际工作经验对出版社的数字化转型进行分析，认为加强人员的专职化培养有助于推进出版社数字化转型，并更好地适应数字化背景下出版企业的发展趋势。

3. 从信息化产品来看

徐静等则关注数字出版中的信息化产品，认为数字化对企业的影响主要是信息数字化，即数字出版加快了信息的传播速度，因而出版社在生产数字化产品时需要结合传统出版企业的竞争力，这才能确保出版企业在实施数字化转型后能够更好地发展。周小华认为数字化转型虽然可以促使信息产品实现一对多、多对一形式的个性化转变，但只有做到信息的共建共享才能实现私人所获取信息的质量的飞跃，即应当重视数字平台的建设。为了对数字化转型中个人获取信息的质量进行分析，张军以我国少儿数字出版为研究对象进行分析，研究发现少儿出版企业的数字化转型推动了少儿教育的发展，即数字化转型带来的信息共享效果较为明显，并且其发现出版社应当重视数据中心的建设，并完善内部标准体系。

王君超和章蓉通过深度访谈对日本纸质媒体行业进行分析，研究发现日本的传统报纸行业面临严重的转型危机，在数字化背景下传统报纸行业的发展空间被大幅压缩，并提出中国应当以日本的报纸媒体发展为借鉴，主动深化改革我国的传统报纸行业，实现传统行业的转型，加快媒介融合。黄延红则以德国出版业为分析对象，通过总结德国出版企业在数字化转型中的发展特征，指出我国出版企业在实施数字化转型的过程中应当倡导多元化发展，并利用数字化技术加强出版社的研发和人才培养。张颖露以日本的动漫出版行业为研究对象，认为作为全球动漫出版强国的日本，在面临互联网等信息技术的冲击下，也不得不实现数字化转型，即互联网等信息技术对于传统出版领域的影响较大。其进一步分析了日本动漫出版社的不同数字化版权运营模式，为我国动漫行业的数字化转型发展提供借鉴。吴燕和韩玉浩分析了数字时代背景下加拿大出版领域的数字化产品和传统产品的整体发展趋势，研究发现出版社的数字化产品和传统产品之间存在着此消彼长的态势，进一步指出加拿大出版社为了应对数字化转型的发展趋势，增加了数字出版和数字编辑岗位，同时拓展了数字出版业务，这对我国出版领域的数字化转型同样具有借鉴意义。孙峰和王悦则以大众的阅读习惯为视角进行分析，指出大众阅读习惯的改变会导致传统的出版社面临困境，并以美术图书为例提出了可行的优化策略。

何国军通过对我国大学出版社进行访谈分析发现，当前我国大学出版社面临的主要问题是数字化转型进展相对较慢，同时出版社对于数字化产品的开发不够，如数字化产品种类较少和数字化技术不强等。杨志辉通过对比智慧城市和智慧图书等概念，分析了期刊的数字化出版的可行路径，认为学术期刊等出版领域应当加强业态转换，充分利用信息技术优势。

三、新媒体背景下期刊编辑出版的数字化转型策略

新媒体是在第一代媒体（报纸、期刊）之后出现的第五代媒体，它自身由于互联网技术和数字技术的加持，有着无法匹敌的优势，其特点主要有边界性弱、交互性强、实时性强等。新媒体具有边界性弱的特点。根据媒介和载体的不同，我们可以把媒体分为四类：传统报纸、广播、电视、网络媒体。新媒体具有交互性强的特点。现在的新媒体平台，用户不仅可以在平台上获取最新的消息，与他人进行互动，还可以自己担任采编并成为一名网络博主，这样的角色转变也使信息传播的效率大大提升。新媒体具有很强的实时性。随着互联网技术和数字技术的快速发展，网络直播等新型信息发布形式使信息传播速度接

第八章 新媒体时代期刊编辑出版的转型发展

近同步传播，几乎没有时间差。新媒体在传播方面最大的优点就是做到了实时同步传播。

新媒体为期刊编辑出版带来的机遇包括如下几个方面：①转变传统的观点，把握期刊出版未来的发展方向。在思想上，要摒弃陈旧传统的观念，树立全媒体的数字化理念，将传统的优势与新的媒介相融合。在产品生产上，要利用互联网时代的数字技术及时调整期刊出版的产品结构。②利用互联网技术，开拓新的传播渠道。在传统媒体时代，期刊出版的流通方向是单向的，这就造成了出版社和读者之间的沟通渠道狭窄，读者的信息不能及时反馈给出版社。因此，出版社要与多平台展开合作，实现传播渠道的丰富与协调发展。新媒体平台的大量涌现使期刊出版在运用上可能会出现利用率不高的问题，出版社应充分了解各个平台的优势和特点，精准定位，向受众发布信息。③精准营销。出版社应分析读者群体的年龄、性别、爱好等信息，将期刊出版信息、活动信息通过图文或者短视频等方式精准投放，来实现期刊宣传效益的最大化。不仅如此，还要充分发挥平台的各项功能，如转发、评论、点赞等，与读者实时互动，了解读者反馈的信息，及时调整期刊出版的营销策略。④树立以用户为中心的市场理念，整合优势资源。新媒体的开放性特点使得出版社的动态可以实时发布，这就解决了出版社之间联系不紧密的问题。各个出版社可以通过这些新媒体平台及时了解其他出版社的相关信息和行业动向，并以此来制订自己的选题方案。

新媒体为期刊编辑出版带来的挑战包含如下几个方面：①庞大的读者群体导致期刊传递的信息很难适应所有人的口味。受众性别和年龄的不同导致了接收信息的标准不同，也就是说，今天的受众更加个性化。②受众反馈的内容不同，出版社应进行信息监管。新媒体的实时性和互动性固然是其优势，但也给出版社带来了一些问题。出版社作为企业，作为一个有公信力的机构，在与粉丝进行沟通交流时一定要实时监管消极负面的言论，及时处理，加强自身的品牌形象建设。

（一）期刊编辑出版的思维转型

随着各类技术的不断进步，融合出版已经势在必行，大众对出版产品的需求发生了巨大的变化，期刊出版社从简单的期刊提供者演变成了服务者。认识的转变是最根本的，"互联网+"使得出版网络化。在新媒体背景下，出版企业要及时调整思维方式，树立新时代出版思维。

1. 高度重视出版在坚守意识形态领域的作用

新媒体时代，互联网世界已经成为保障国家安全、守住意识形态领域的阵地之一，出版企业要肩负起维护意识形态领域安全、维护社会稳定的责任。因此，期刊出版社要将习近平新时代中国特色社会主义思想深入灵魂，坚持以习近平新时代中国特色社会主义思想为指导，贯彻落实党的十九大和十九届二中、三中、四中、五中全会精神，不断增强"四个意识"，坚定"四个自信"，做到"两个维护"；加强出版内容导向和质量管理，严格履行出版及报审批制度，严把出版的选题、审读、报审、编校、印制、发行等出版环节和关口，切实维护意识形态领域安全，保证出版内容质量、编校质量、印制质量，在实现社会效益的同时实现经济效益。

2. 树立互联网思维

在新媒体背景下，互联网在各个领域的不断延伸，期刊数字化、数字出版的发展等给期刊出版带来新的发展机遇，同时也带来了一定的挑战。传统期刊出版要转变思维方式，树立互联网思维，从出版物的策划、出版、发行、推广、销售到期刊出版内部的管理及生产经营、外部合作，都要充分利用信息技术。在新媒体背景下，期刊出版社要想为广大读者提供内容充实、符合实际、种类完善的优质服务，要想为大众提供符合大众标准、满足大众各类需求的出版物，就必须从固有的、简单的出版思维向多元化的互联网思维转变。互联网思维的核心在于用户，在互联网思维中用户体验的好坏决定着产品的成功与否，不仅要重视数字出版的内容质量，同时也要对用户体验感给予重视，保证让用户享受最佳体验。

要对新技术给予充分的重视，处理好科学技术与内容提供之间的关系，既考虑信息技术、人工智能等对出版的作用，也要主动拥抱信息技术，用技术为出版赋能，利用信息技术适应期刊出版的需求。

3. 树立传统出版与数字出版融合发展思维

数字出版最早出现在计算机领域，巴格利（Bagley）在以计算机代码做文摘时发现了数字化的记录形式，这也是数字出版的雏形。概括而言，数字出版是基于数字化技术所实现的出版生产活动。结合出版的历史变革来看，由传统的纸质出版到电子出版经历了较长时间，而从电子出版到数字出版的变革时间相对较短，可以看出目前出版的时代变革迅速。随着数字出版技术的不断进步，出版领域所使用的技术种类逐渐多样化，如网络出版和电子出版等概念均是在数字出版技术发展的基础上衍生而来的。考虑到数字出版的应用离不开数字技术，因此

第八章　新媒体时代期刊编辑出版的转型发展

数字技术是数字出版的核心与基础，进而部分学者从数字技术的编辑内容视角进行界定，认为数字出版是基于数字技术的一项可编辑化的新型出版方式。和传统出版方式的一个明显区别是，数字出版可以对出版内容进行数字化在线管理和传播，大幅提高了出版物的可读性和传播效率。

传统纸质出版和数字出版不是对立关系，在出版业的发展道路上，这两种信息承载形式是相辅相成的。数字出版的发展需要依托纸质出版所拥有的优质资源，纸质出版需要借助数字出版的新平台。我们要知道在如今技术日新月异的时代，用户的需求是不断变化的，用户对体验感的要求不断提高。纸质图书和数字化出版物都有其不可替代的优势和市场，因此期刊出版不能放弃任何一种出版方式，要"两翼齐飞"——纸质出版和数字出版共同发展。

出版融合指的是传统出版与数字出版（新兴出版）的深度整合，它既不是传统出版，又不是单纯的数字出版，它是对出版策划、技术平台以及网络营销体系的整合与系统管理，是传统出版跨界与邻近文化产业或不相邻产业之间的互动融合，是实体书店与互联网书店之间的互动融合。其核心内容有以下四方面。

①技术融合。"出版＋新兴技术"是指在技术推动下不断催生新媒体、新业态，实现产品服务升级和产业边界扩张。技术融合发展，从技术层面上来说，大数据、云计算、二维码识别等技术的飞速发展，移动终端、微博、微信等传播工具的不断升级，加速了期刊出版领域各个环节的数字化进程。期刊出版形式更加多元，传统的图片、文字进一步转化为附加音视频内容的全媒体产物，期刊出版物的表现形式更加丰富，传播形态更加立体。

②内容融合。技术创新极大助力优质出版内容资源的数字化深耕，优质资源的价值也进一步放大。我国一些出版企业正不断发挥自身内容建设优势，依托互联网技术加快多形态的内容融合，深度挖掘纸质出版物的数字化价值，将其转化为影视作品、网络游戏、有声读物等数字化产品，做到一次出版、多次开发，形成一个又一个双效俱佳、群众喜闻乐见的热门IP（所有成名文创作品的统称），优质IP同时也带动线下期刊的销售。此外，AR、VR（增强现实、虚拟现实）技术也为传统出版物的转型带来了新的思路与方式。

③渠道融合。顾名思义，渠道融合就是打通线下线上发行渠道，形成产业链效应。通过线上信息获取线下销售渠道，推动传统出版物发行，同时通过线下优质传统出版物的发行以及良好的实体书店沉浸式体验积累稳固客户群体，提升出版物及期刊出版社、实体书店口碑，扩大影响力，进而再次推动线上浏览量、订阅量的提升，如此形成良性循环。

④人才融合。在传统内容生产流程中，出版工作者的选题策划、印制发行等各个环节的工作几乎与互联网不相干。但如今，移动互联网技术蓬勃发展，广大受众利用移动互联平台浏览信息的意识也不断增强，这种时代发展趋势亟需大批具有政治意识、市场意识、互联网意识的出版专业人才，以此来为我国未来出版行业发展提供持续动力。因此，人才融合就是重视培养新时代下从事出版工作的"多面手"人才，着力打造复合型全媒体人才，这也是期刊出版融合趋势得以广布全行业的关键。

（二）期刊编辑出版的内容转型

1."内容为王"

"内容为王"即贯彻以内容生产为核心的理念，曾经被众多纸媒奉为创办宗旨。其中，纸媒的内容影响力与其所具备的社会影响力是画等号的。现如今，"内容为王"的理念仍被许多期刊推崇。纸质媒介的竞争是公平的，只有真正把内容做好才能吸引读者订阅。而对于传统期刊来说，这个道理同样适用。传统期刊只有生产出最新、专业、有趣且易懂的内容，才能在达到科学知识普及目的的同时保证高订阅量。传统期刊也会提供线下活动、订阅服务、摄影活动等业务，但是相比内容生产，这些业务却一直不是期刊关注的焦点。这种现象可以从期刊社的内部架构中看出，传统期刊的部门通常会划分为内容生产部门、营销部门、人事部门等。其中，工作人员主要分布于内容生产部门，在此部门的工作人员也被大众称为期刊编辑。期刊编辑除了进行内容创作外，还进行内容审核的工作，整个内容生产的流程都在这个部门中完成。

数字化转型风暴改变了整个纸媒的发展路线。报纸因互联网的实时推送技术与功能而快速进入数字化转型的进程中来，图书也演变出适应各种手机、平板等电子设备屏幕大小和具有良好使用体验的电子书。也许夹在中间的传统期刊相比于其他纸媒，数字化转型速度较慢，但也在逐步摸索并进行转型以适应互联网社会。对于内容生产来说，数字化技术方便了纸媒内容部门编辑人员的日常工作。除了生产速度的提升以及传播渠道的拓展外，计算机技术也规整了各类信息。当然，不论数字化技术以何种方式发展，纸媒与其受众（也就是读者）之间最根本的传播架构没有任何变化，依然是优质的内容等于更多的流量。

期刊的优势在于降低读者获取知识的资源成本，并帮助读者更快地获取更好的内容。在数字化时代，进行内容广覆盖对选刊而言难度很大。因此，要深化期

第八章 新媒体时代期刊编辑出版的转型发展

刊的优选功能，不拘泥于追求内容的广度和深度，而应突出期刊在发掘选文特色上的优势，坚持内容的精粹化，注重由平面发展转化为纵深发展，走差异化、精品化、特色化发展道路，以深入研究群体特性，增加读者黏性。期刊编辑应增强原创意识，不可拘泥于刊物长期积累形成的固定栏目，或是依赖原创期刊提供的稿源文章的便利性，延续过去期刊出版的老路子，而要与时俱进地结合时代热点及创作势态策划选题，增加原创内容占比，以形成期刊内容优势。书刊并举与书刊互动是期刊常用的出版形式，良性的书刊互动既给期刊带来经济效益又带来社会效益。只有丰富自身出版形式，坚持内容为王，才能提升期刊的核心竞争力。

2. 从"内容为王"到"内容+服务"

就出版的目的而言，传统出版与数字出版在本质上并没有太大的区别，它们最主要的区别是载体不同，传统出版主要以纸为载体，数字出版依托网络技术。然而无论是传统出版还是数字出版，产品才是最核心的内容，产品才是企业竞争的核心要素。因此，在数字化转型过程中，做好产品和做好服务才是重中之重。在数字化转型过程中，需要积极调整思路、更新出版产品、转化服务模式，企业才能在数字化转型中拥有自己的核心竞争力。

曾经在纸质媒介领域，"内容为王"是整个期刊出版的信仰。但是，当传播媒介从纸质转移到新媒体时，内容生产业务就地位不保了。纸质媒介的受众需求与互联网受众的喜好之间存在很大的差异，互联网受众除了关注媒体的内容外，对服务业务的要求也很高。互联网提供给大众的就是速度与方便，这些都是纸质媒介无法给予的。期刊应在数字化转型过程中提高对服务业务的关注度，树立将内容与服务放在同等重要的核心理念。传统期刊需转变曾经以"内容为王"为核心理念的思维惯性，"内容+服务"两手抓。数字化转型比较成功的纸媒通常将原本的内容事业群（也就是内容生产部门）更名为内容服务事业群或是内容服务部门。这些部门的编辑除了负责内容生产业务外，还负责受众反馈、负责平台开发等工作业务。当然，传统期刊在发展服务业务的同时，也不能忘记坚守内容生产这一核心。

传统出版更多的是知识内容的提供者，一本书卖出去了，读者与出版商几乎再也没有任何的接触，更准确地说，传统出版卖的仅仅是出版物中的"内容"。在新媒体时代大众需求改变，提供"内容"已经远远不能满足客户的要求，传统出版企业要想在市场中占有一席之地，就要从提供"内容"向提供"服务"转型。期刊社要使用好大数据，了解大众当下的需求，策划出版大众喜闻乐见的期刊。

比如2020年新冠肺炎疫情以来，大众可能会更加关注人与自然的关系、民生健康、心理健康等方面。想要更好地为大众提供服务，就要对市场进行深度调研，收集用户信息，了解用户习惯，对用户需求进行分析，对市场进行细分。不能仅仅依靠期刊社一家的力量，要和其他期刊社加强联系，和新华书店、京东、天猫等电商平台开展合作，采用合作出版、单独出版等多种形式。

（三）期刊编辑出版的方式转型

1. 期刊公众号的运营

期刊公众号的出现为传统纸质期刊带来了更强的渗透力和影响力，并为大众、科研工作者和学生获取知识提供了便利。在未来运营过程中，期刊社应充分利用好微信这一新媒体平台，不断提升自己的运营水平，主动向读者推送研究动态和行业信息。现从定位、内容、编辑、服务和营销五个方面分析期刊公众号的数字化转型策略。

（1）找准期刊定位

要想建设好期刊微信公众号，首先要明确其定位。定位是建设和发展的核心，只有定位清晰明确，才能形成品牌效应，辐射并服务于用户。当下，期刊应该将公众号建设成综合服务平台、新媒体传播平台、学术交流平台。

①综合服务平台。期刊公众号与纸质期刊的平台定位有所区分，纸质期刊是一个知识服务平台，而期刊公众号除了为订阅者提供知识外，还提供稿件查询等功能，是一个综合性的服务平台。与打电话沟通和发送邮件相比，公众号交流更加快捷有效，提供的信息更加全面广泛，更加符合当下用户的交流习惯。订阅用户打开微信公众号，就可以快速查阅期刊的用稿需求、投稿须知、期刊目录等信息，可以阅读最新的、往期的文章，还可以了解投递稿件的发表进展等，尽力为读者提供更为优质的服务，打造优质的综合服务平台。

②新媒体传播平台。期刊公众号的运营是纸质期刊跨媒体经营的一种新模式，应以纸质期刊为基础，但不能局限于纸质期刊。因此，期刊微信公众号作为新型传播途径应取长补短、推陈出新，运用科学合理的方法，改变传统纸质期刊的编辑方式，凭借其在时效性和互动性方面的明显优势，推动期刊与新媒体的深度融合发展，搭建期刊的新媒体传播平台。

③学术交流平台。期刊公众号构建的微信社群能够将具有相同兴趣爱好或同一专业的用户引入同一个圈子，方便大家交流。形成稳定的社群有利于提升期刊微信公众号的用户体验度和参与度，提高精准用户比例。期刊微信公众号在推

第八章 新媒体时代期刊编辑出版的转型发展

文中可以发送该期刊创建的社群号或者二维码，方便有需要的用户加入。在群里设置群管理员，负责日常内容的更新和答疑以及微信群的秩序维护。这种社群运作方式有助于拉近作者与读者之间的距离，加深读者对文章的理解，增强用户黏性。

（2）注重期刊内容运营

内容是连接用户和期刊的纽带，内容运营指通过内容生产、传播满足用户对产品的需求，增强用户黏性，提高产品价值。对于期刊公众号而言，内容上既要与纸质刊物产生互动，为读者提供增值服务，又不能只局限于纸质刊物，应设立一些符合定位、具有特色的栏目，最好能提供定制化服务来吸引读者、发展受众。

①增强期刊公众号的品牌特色。期刊办刊是标准化的，但公众号的运营应该去标准化，从小口切入，寻找适合母刊及其公众号定位的特色化发展方向，与纸质期刊互补，增强期刊微信公众号的辨识度。因此，期刊公众号应进一步深入挖掘特色，逐步形成独树一帜的优势，打造鲜明的风格定位，以新鲜、独特的内容吸引读者的注意力。

②增强文章的可读性。首先，在读图时代，如学术期刊严肃而晦涩般的语言形式已无法适应媒体融合发展的要求，深入浅出的语言风格才是读者喜爱的。目前，图片、音频、视频等方式受到读者青睐，但大多数期刊公众号在文章篇幅和内容排版等方面没有考虑微信的传播特点，直接将学术论文复制到平台上，缺乏对文章的美化编辑。基于微信平台推送形式多样的特点，期刊公众号在发展的过程中，可以充分利用文字、图表、音频、视频等多种表现形式对内容进行完善，展现给大众图文并茂的内容，使专业内容通俗化，让读者在阅读中体验到舒适感，以此拉近与读者的距离，更好地满足用户在媒体融合环境下的阅读需求。其次，在碎片化的阅读环境下，"短平快"文章受大众青睐，太长的文章难以迎合大众的阅读需求。因此，推送内容可以进行适当的二次加工，在微信消息阅读界面，信息标题在很大程度上决定了读者是否选择阅读。新颖、生动、有趣的标题对读者更具有吸引力，能够起到锦上添花的作用。

（3）拥有专业的编辑团队

新媒体时代的期刊出版机遇与挑战并存，对编辑人员的素质提出了更高的要求。期刊微信公众号应打造专业的编辑运营团队，通过人才引进和对现有编辑队伍开展培训等方式，增强编辑团队的创新能力。负责公众号工作的编辑人员不仅要掌握传统的文本校对和选题策划等基本技能，而且还应具有转型意识，增强自己的服务意识，并不断提升信息抓取能力。

①要具有转型意识。面对网络化、数字化、智能化等趋势以及读者阅读习惯的改变，如何让读者在海量信息中获取本期刊微信公众号的信息，一直是期刊微信公众号的工作目标。目前，微信后台可以轻松获取诸如粉丝数量的增减、用户的身份属性以及文章被分享次数等数据，通过数据平台还能获取其他相关公众号的文章发布时间、阅读数、点赞数、在看数等情况。通过对可视化的数据进行专业分析和对比分析，能快速了解公众号受众的需求，以便及时调整运营策略，推送满足受众需求的个性化文章或信息。期刊微信公众号编辑人员可以结合自身的运营规律有意识地选择发布时间，增加微信编辑价值，确保每篇推文都是高质量的，达到理想的传播效果。

②要增强服务意识。影响读者使用公众号和小程序的体验感的最主要因素在于获取信息是否快速、完整，系统运行是否流畅、不卡顿。目前期刊微信公众号的平台建设尚不完善，编辑团队需要有专门人员定期测试公众号菜单、小程序等的运行状况，以排除网速、设备硬件原因之外影响用户体验的情况。

③要提升信息抓取能力。我们正处于一个信息爆炸的时代，现代通信技术极大地提高了信息传播的速度。编辑需要积极参与其中，从海量信息中提取具有前沿性和代表性的高水平文章并推送给读者，培养自己的信息敏感度。目前，期刊微信公众号阅读量较高的文章多为编辑出版行业的资讯或公告等热点类的内容，首先，编辑可以从受众需求出发，选择受众关注的话题、兴趣爱好、知识经验等内容进行推送；其次，结合期刊的学科与学术定位，编辑可以适当转载其他媒体和公众号热点文章，以丰富期刊微信公众号稿源；最后，编辑可围绕一些节日、重大事件做一些相应的专题，积极策划极具吸引力的选题与专业科学知识相结合，在一定程度上丰富内容的层次。

（4）提升期刊服务水平

用户是互联网时代最宝贵的财富，对于用户来说，体验非常重要。因此，要成功地运营期刊微信公众号，就必须重视用户的体验，完善对用户的服务。对于期刊出版来说，需要做好以下几点。

①明确用户群体的需求。微信公众号的运营是围绕着"用户"进行的。如今伴随着流量红利的结束，平台已经进入用户精细化运营阶段。运营者只有学会绘制公众号用户的"画像"，才能为用户提供其需要的内容产品。期刊是小众化、专业化的读物，其微信公众号的阅读群体与纸质版期刊的用户群体基本重合，即编辑出版工作者和编辑出版研究人员等，他们一般会关注实务和科研两个问题。因此，针对这部分小而专的目标用户群，期刊微信公众号可以结合读者的阅读需

第八章　新媒体时代期刊编辑出版的转型发展

求以及刊物的定位来选择内容，选择推送与读者需求密切相关的消息。由于微信公众平台的开放性，期刊还存在一定的潜在用户群体。针对这部分大众群体，期刊微信公众号可以适当地开展对大众话题的探讨，将学术性与大众性结合，推送受众喜闻乐见的内容。

②增强互动。要发挥公众号留言功能的作用，通过有奖留言的方式巩固和扩大用户群体，从而集合有学术研究兴趣的用户。期刊微信公众号应积极开放留言区，吸引用户对公众号的使用情况以及学术热点等话题进行意见反馈和讨论，形成良好的交流互动模式。作为公众号平台运营方，期刊收到读者留言后要积极反馈回复，可以利用期刊编委会的有利条件，邀请相关专家参与并引导话题的讨论，丰富公众号的评论和讨论内容。这种方式不仅可以提升公众号互动的热度和深度，而且保障了互动质量，实现公众号用户、专家、作者之间的内容交流和知识满足。

③完善菜单及在线服务功能。目前，期刊微信公众号的功能建设主要停留在文章推送和稿件查询方面，虽然为用户提供了一定服务，但尚不完善，在线服务功能尚缺乏。为了给用户更好的交互体验，首先，期刊微信公众号应完善菜单功能，如关键词回复，使用户输入关键词就能找到相应内容。设置关键词自动回复，需要运营者对长时间积累的咨询文本进行分析，不断地调整和优化可自动回复的关键词，并确保自动回复信息的准确性。设置在线咨询服务，一方面作者可直接与编辑交流稿件修改意见，另一方面作者和编辑也能快速而准确地接收到读者的反馈。

④推送频次与时间应稳定、合理。有的期刊在推送频率方面保持了较强的规律性，微信传播性较强，有利于读者阅读习惯的养成。但个别公众号推送频次不稳定，存在较长的空档期，阻碍了期刊微信公众号的发展。微信公众号推送内容太少，将导致漏发具有较高价值的文章；微信公众号推送频次过高，也会导致用户还没来得及阅读的内容被后续的内容掩盖过去。因此，在未来期刊微信公众号的运营过程中，可以选择稳定、合理的推送频次，逐步提升公众号的运营效果。此外，在推送时间方面，也应选择恰当、稳定的时间。

（5）制定合理的营销方式

期刊微信公众号可以在传播思想的同时兼顾赢利目标，根据需求定位构建多层次的赢利空间，以维持公众号的运营。

首先，期刊凭借其专业性特点，在微信公众号上收获了一定的细分订阅用户。期刊微信公众号可以凭借读者、作者、平台的资源优势，针对粉丝进行衍生性营销，邀请知名专家讲授课程，开展学术在线培训，为编辑从业人员、编辑出版专业的人员或有意识提高自身编辑能力的群体服务，一方面可以提高这部分群体的学习能力，另一方面还可以增加期刊微信公众号的收入。

其次，期刊微信公众号在平台的建设与推广过程中，可以借鉴商业公众号的成功经验，在遵循相关法律法规的前提下，基于用户属性、使用设备、地理环境等进行精准投放，通过售卖广告获取一定的利润。

再次，期刊微信公众号可以以市场需求为导向，向其他商品领域拓展，推出图书销售、文创商品、期刊出版以及期刊社招聘、学科所属行业广告等，为用户提供优质、全面、个性化的服务，在不断扩展中提高自己的价值，形成独具特色的赢利方式。

最后，期刊微信公众号推送的文章以原创为主，一方面，可以通过对版权的全方位运营赢利。目前尚未开通电子订阅功能的期刊可以进一步将内容开发做成电子期刊，促使产生更大的社会效益和经济效益，助力期刊微信公众号的长远发展。另一方面，可以开通微信的打赏功能，为作者获取一定的报酬，让作者有持续创作优秀作品的动力。

2. 创新期刊出版形式

（1）完善电子期刊业务

相较于厚重的纸质期刊，电子期刊轻巧便携、浏览方便，更贴合网络时代的受众阅读习惯，且其在存储和内容传输方面占据显著优势，故成为期刊数字化转型的一大方向。在此对其中两种数字化转型逻辑进行解读。

①"纸刊增强"。将纸质期刊中的精华内容提炼出来，重组为更符合读者阅读习惯的版本；融入大量顶尖制作水准的图片、音频、视频，植入趣味性交互方式，在引领读者了解期刊拍摄背后故事的同时，更能解锁别样享受；推出付费及其免费试读版本，满足不同受众需求；删减大量显性广告，增加核心内容比重，增强期刊可读性；提供优惠订阅折扣，激发读者购买欲求。

②"纸刊复制"。这是完整将纸质期刊内容搬运到数字平台或终端的电子刊形式。"纸刊复制"而成的电子刊与纸质期刊形成互补，可解决部分场景中纸质期刊不便携带的问题，从而使用户获取完整的纸版内容阅读体验。

结合上述"纸刊增强""纸刊复制"两类电子刊形式来看，"纸刊复制"是较为常规的纸质期刊电子化转型方式；"纸刊增强"期刊则更特殊，该类型电子期刊并不是对期刊进行简单电子化复制，而是在尊重纸刊原创内容的基础上，融入电子终端的表现和使用逻辑，借助科技为纸质期刊注入全新生命力，使其以另一种媒介形态获得新生，并赋予其新的时代内涵。未来的电子期刊业务也可以此为思路，在实现通过纸质期刊、网站、微信、电商平台、APP等全媒介、全渠道向受众提供纸质期刊及其电子版订阅及试读服务的同时，创新技术驱动，确保电子刊适配PC、iPad、iPhone、Android等各类终端，并尽可能多地与各大手机品牌厂商开展合作，确保旗下电子期刊可在各类型、各品牌终端呈现和使用（下载完成后支持离线阅读）。同时可参照视频平台创建会员制度，设置免费及付费部分以满足不同受众之需；向对期刊时效性要求不高的非会员开放往期部分期刊免费试读，对付费会员则要及时提供最新一期电子版期刊并提供往期全部期刊阅读服务。多线并行，最大限度地满足各类受众之需，全面提升电子期刊业绩实效及市场覆盖率。

（2）重塑纸刊内外形态

尽管数字化阅读方式盛行，但纸媒仍凭借独特的实体阅读体验获得忠实受众偏爱，且先不论"纸媒最终是否会消亡"，起码在当下这种可能性甚微。对于期刊的稳定受众群体而言，纸质期刊带来的静赏封面、翻阅纸张、细嗅油墨气味的独特体验感受和特殊收藏价值都是数字读物所缺乏的；纸质期刊的平面出版物形态也更像一种"时尚"身份的象征，当期刊在物主书桌或是其他地方出现时，便释放一种物主"时髦"的信号，这种媒介符号语言也是数字终端无法诠释的。此外，在多期期刊之间还可策划专题，加强各期在主题上的连贯性，从而促进读者连续订阅纸质期刊并实现专题收藏。通过创新内页及外在形态双措并举方式重新塑造纸质期刊形态，在提升期刊阅读便利性的同时，增强纸质期刊的独特收藏与艺术价值和不可替代性，提升期刊品牌价值。

3. 优化数字出版流程

期刊的出版流程要实现出版部门的资源配置最优化，期刊出版可以在组织结构方面进行优化。

一是改变过去垂直型的组织管理结构，建立流程式的组织结构管理模式，并组建专业化的流程管理团队，确保各个流程工作人员的责任和义务。期刊出版要实现整体流程的最优化，首先就要确保各局部流程是最优的，这种组织结构管理模式不但便于管理，也能实现整体组织结构及经营效率最优化。

二是加强各级组织部门的沟通，提高生产效率。对市场前景不明的期刊产品，尝试期刊数字化产品先行于传统纸质期刊，即已经数字化的期刊，在传统纸质期刊尚未出版前通过试听、试看或者其他方式提前投放给客户市场。通过试销的情况为纸质出版产品提供决策依据，以此来应对传统纸质期刊出版过慢的问题，更好地抓住市场。

（四）期刊编辑出版的经营转型

1. 引进数字化传播销售渠道

融合发展不仅是纸质出版和数字出版的融合，还包括传播销售渠道的融合。传统的单一销售渠道已经无法适应数字出版的需求，要探索线上线下双渠道传播销售模式，在形成品牌效应的同时取得良好的社会效益和经济效益。

（1）稳定传统传播销售渠道

传统的销售渠道具有不可替代性，期刊出版的销售渠道之一是新华书店，新华书店遍布全国各地。期刊社要加强与新华书店的良好合作关系，稳定传统的销售渠道，在数字出版转型过程中充分利用传统传播销售渠道优势。不仅在产品传播销售过程中，在出版产品研发、策划等过程中双方也可基于各自的优势深入交流，分析了解市场动向，有针对性地优化产品结构，不断创新合作方式、不断优化营销策略，实现共建、共进、共赢。

（2）拓展线上传播销售渠道

传统的传播销售渠道无法满足数字出版物销售传播需求，为更好地完成数字化转型，拓展销售市场，做好产品传播销售，发展线上传播销售渠道、实现线上线下融合发展是必选之路。可以借助与新华书店的长期友好合作优势，以新华书店网上商城为基础，推动线上线下的融合互通。以新华书店网上商城为起点，再与以京东图书、当当、天猫图书为代表的传统网络书店开展合作。在了解各种线上渠道的销售特色、明确用户群体的分布情况后，与期刊社自身情况相结合，考虑进一步创新线上运营模式和营销方法。在实现一定的品牌、产品建设的前提下与喜马拉雅、抖音等平台合作，开展有声书、直播销售等特色销售活动。

（3）充分使用"两微一抖"等平台

在新媒体时代，各个平台同台竞技，其中微信、微博、抖音等平台拥有大量的用户群体。大量企业借助这类平台进行品牌营销，从而获得销售额，出版行业也应紧跟时代潮流。

期刊社在品牌建设、产品发行宣传销售过程中要充分使用"两微一抖"等平台，建立自己的官方账号、小程序，并将各类平台相互链接以便用户快速访问。一方面借助各类官方账号宣传期刊相关信息，为用户提供方便快捷获取信息的现代化平台；另一方面通过分析用户浏览数据、用户需求，出版满足用户需求的期

第八章　新媒体时代期刊编辑出版的转型发展

刊。建立、经营微信、微博、抖音等官方账号不仅能完成社会使命，宣传相关政策法规，还能加强与用户之间的交流沟通，快速获取用户相关信息从而转化为经济效益。

2.探索新的赢利模式

期刊出版在探索新的赢利模式时需要制定差异化战略，打造自身的产品优势。此外，还需要积极地拓展销售渠道，并开创多种赢利渠道。具体来看包含以下三点。

①期刊出版要以其现有的优势产品为核心内容制定差异化战略，根据期刊出版的数字化产品细分打造行业内的知名品牌。期刊出版应当充分把握新媒体这一现实机遇，开展自身的专业化业务并打造权威性的数字化平台。期刊出版的数字化平台以现有强势产品为依托，通过升级与更新相关的数字化产品带动传统期刊销量，而传统市场销量的增加能够为数字化产品带来更多的新用户，从而达到一个良性循环。但要实现出版内容的高质量发展，期刊需要以自制内容为主，依托期刊的现有内容和作者资源，提供专业化的期刊服务内容，树立专业、权威的品牌形象。在自有资源储量与品牌具有一定规模时，可以考虑引入优质第三方资源，但需要在内容质量上进行严格把关，不符合平台理念和标准的内容一律不予入驻。

②综合利用销售渠道，探索新的期刊出版模式。例如音乐教学类期刊，由于视频教学与线上曲谱示范等产品不仅仅是学习爱好者的需求产品，同时也是教学者的需求品之一，所以要利用现有的线下销售渠道以及合作的培训机构积极探索流量变现模式，努力增加新用户以及增加原有传统用户向数字化用户转换的比例。通过建立正规的有版权的在线曲谱库，并为所有学员和培训机构提供定制化的乐谱服务。同时，对于那些小众化但存在刚需的音乐教学内容，创建众筹出版平台，为专业小众群体提供国外乐谱翻译、定制化出版等服务。音乐类期刊需要利用自身在音乐出版方面的优势，探索开发音乐图书内容库及O2O模式的互联网运营项目。探索"一个内容制作中心（专业制作符合互联网学习特点的音乐数字化产品）＋一个互联网平台（PC端和手机端）＋四大线下运营渠道（音乐图书渠道、乐器行渠道、专业院校渠道、社区培训学校渠道）"的组合模式，通过线上和线下相结合，将音乐期刊出版物的使用者转换为互联网音乐学习平台及曲谱库的用户，从而搭建一个以专业、权威曲库为核心的互联网音乐曲谱内容学习社区，并构建一个集音乐教材定制化生产、音乐特长培训、乐器售卖、机构合作等于一体的音乐内容生态系统。

③升级期刊数字化平台，开创多种赢利渠道。通过对期刊数字化平台的升级新设立三大模块，分别是付费会员体系模块、专业库服务模块和线上销售模块。通过以上功能模块，将传统的纸刊销售的单一赢利模式转变为电商售卖、线上线下合作的复合型赢利模式。通过实施改进后的赢利模式，可以有效打破期刊出版营收渠道过于单一的现状，并增加数字化出版业务的营收，跟上时代的潮流，共享数字化出版所带来的红利。

3. 满足受众多层次需求

在新媒体背景下，大数据和新技术的驱动使用户在使用学术新媒体的过程中，平台洞察与满足用户多层次的需求成为增强用户黏性的重要途径。用户期待从平台获取符合其研究兴趣及当下所需要的信息，那么就可以根据用户的个性化需求提供个性化定制服务，而实现这一服务最关键的就是建立平台自身的用户模型并获得技术支持。用户模型可以通过及时的问卷调查、深度访谈以及最为重要的新媒体平台大数据采集，对用户行为特征、用户需求、用户心理偏好、使用情景等进行信息挖掘和分析来构建。在已有用户模型的基础上结合各新媒体平台特点，有效地适应碎片化的时间、转换的场景、变换的需求，提升新媒体个性化服务水平，实现信息资源的精准推送。通过对各期刊用户的需求分析，并随着用户对新媒体的使用与介入程度的加深，用户与各个期刊的新媒体平台，与平台内部其他用户之间的交互不断递进，其需求不断得到满足，那么用户需求的类型、状态和强度都会发生相应的变化。这就要求期刊不断挖掘潜在需求，对用户进行跟踪与及时反馈，掌握需求变化，适时地做出服务策略的调整。

4. 强化版权意识

目前在期刊出版数字化转型的过程中，有关版权责任不明晰等问题显得较为严重，所以重视期刊新媒体平台传播的版权保护显得尤为重要。首先，需要政府有关部门对期刊数字化全行业的情况进行一个全面且深入的调查，并与其他该方面工作开展较好的国家展开交流合作，结合我国的具体国情制定一套完整的法律法规，使期刊数字化转型发展能在法制轨道上有所保障。当然期刊出版业自身也不能松懈，应遵守相关法律法规，制定统一的数字出版技术标准，进行行业内规范，使我国制定的相关法律法规得到切实的落实。至于大众，也应该严格遵守相关法律法规，起到监督作用。在此背景下，期刊界应该对标新修订的《中华人民共和国著作权法》的规定，建立健全新的版权管理与运营制度，制定各行业、学科期刊在管理、传播与运营方面的传播与版权保护办法，完善劳务合同等管理制

第八章　新媒体时代期刊编辑出版的转型发展

度，规范与期刊创作者的版权法律关系。有条件的期刊还可以聘任法律顾问，处理著作权相关事务。还应与相关网站签订图片、文字等学术成果的购买协议，进一步规范期刊、公众号和网站等媒体上图片、文字的合法使用行为。只有通过各方的努力，才能完成期刊出版行业的数字化转型发展。

强化版权意识是保护期刊出版合法收益的关键因素。具体来看，期刊出版可以采取以下措施加强版权保护，避免盗版产品对自身的负面影响。

一是利用数字技术，采取二维码等防伪措施，并配合加密技术，在每一章节设置专门的防伪二维码，读者可以通过扫描二维码识别期刊是否为正版。此外，建立数字化账户，即用户需要通过登录专门的数字化账户才能查看期刊，做到一个账号对应一本书，并且能够通过二维码识别真伪，从而削弱被盗版的可能性。

二是设立维权部门。目前期刊的传播速度较快，即使采取相应的防伪措施，部分盗版厂商仍然可能会利用数字技术的漏洞人工编辑出相应的盗版产品。这就需要建立专门的维权部门来有效打击此类盗版行为。然而，单纯的维权部门不能有效打击盗版行为，期刊社还应当积极设立举报盗版产品的奖励机制，充分调动读者打击盗版产品的积极性。

三是安排员工定期在各网络平台进行盗版摸查与取证、举报。只有了解盗版产品的真实运作手段，才能更好地为打击盗版行为提供有力支撑。期刊社应当定期安排员工进行网络取证，并通过法律手段维权，进而起到打击盗版的示范作用，在增强员工版权意识的同时也有效打击了盗版产品。

5. 实现数字化产品升级

数字化产品是数字化转型过程中企业最核心的竞争力，因此努力实现产品升级是实现期刊出版经营绩效提升的最优方式。具体而言，期刊出版可以通过以下三个方法实现数字化产品升级。

一是合理投入生产要素，实现部门间资源配置最优化。考虑到数字化转型过程中需要持续性投入资金，而各部门的差异化出版能够进一步强化期刊出版面临的资金约束，因此必须优先优化最具有经济效益的部分，再逐步扩张到其他部分。在实现边际效应最大化的经营安排下，期刊出版的优势产品质量会不断提升，且这种积极影响会逐渐波及期刊出版的其他部门。目前期刊数字出版具有一定的市场优势，期刊数字化产品也具有优势地位，因此期刊出版可以优先推进此类优势产品的数字化转型，通过实现部分数字化产品的赢利从而带动其他产品的数字化转型。

二是增加研发投入经费，提高期刊出版的技术和质量。目前，期刊出版拥有优质稿源，这一现状导致期刊出版不重视研发，研发支出相对较低。期刊出版也应当重视研发投入对自身的积极影响，积极和第三方企业进行合作，特别是在针对数字化技术的研发支出上，需要积极学习行业的先进技术，在加大研发投入的同时也提倡自主创新。

三是定期组织员工去其他期刊社考察、学习。虽然期刊社之间存在竞争关系，但不可否认的是有诸多比较好的经营理念或经验值得期刊社学习并借鉴，应多组织期刊社之间的交流活动，只有这样整个出版行业才能更快地进步。

（五）期刊编辑出版的人才转型

习近平总书记曾强调，媒体竞争的关键是人才竞争，媒体优势的核心是人才优势。要想实现期刊出版数字化转型，必须以适应数字出版的复合型、创新型、专业型人才队伍为基础。期刊出版要实现数字化转型就必须创新人才培养机制、完善人才培养体系，强化企业人才队伍建设。

1. 引进一批数字出版人才

期刊出版领域目前的人才队伍中缺乏数字出版所需要的专业型、复合型数字化出版人才。招录一批政治立场坚定且懂出版、懂管理、懂技术的复合型人才是目前加强人才队伍建设的最快途径。期刊社若想要快速获得一批数字出版人才，加强数字出版人才队伍建设，可以采用以下几种方式。

①高薪聘请专业能力强、具有一定工作经验的复合型数字出版人才，并在薪资待遇、职位晋升等方面提供优惠条件。

②与相关期刊出版、科技公司合作，开展人才交流互换，高薪短期外聘拥有一定经验的行业专家，对数字出版转型提供指导意见，参与到数字化转型过程中。

③与开设数字出版专业的学校合作，进校招聘，优先招录还未毕业的相关人才以做好人才储备。虽然在校大学生没有工作经验，但是可以为企业注入新鲜的血液、带来竞争，从而促进企业人才自发地成长。

2. 培养现有人才

在现有人才培养方面，一方面采用"搭快车"方式，依托合作企业的优质资源，用"走出去、引进来"的战略思维，邀请期刊出版等合作企业专家开展编辑出版相关知识讲座；另一方面选派编辑、业务骨干等通过"以干代学"的方式，参加合作企业组织的各类会议、培训或进入对口部门实践，系统学习业务流程、行业规范。

还要加大人才投入力度,设立专项资金,对现有人才队伍进行大量的培训。

①与各大学合作,以公费的形式进入学校学习相关专业知识。

②与相关期刊出版、科技公司进行合作。以公费的形式选派相关人员到合作企业学习出版、现代企业管理、新媒体运营等专业性知识。

③积极参与新闻出版局所举办的各类培训、会议,实时了解行业相关政策、法规等信息。为避免人才流失,以公费形式进行培训学习的人员,在学习前需签订相关协议,以此提高人才队伍综合素质和业务工作能力,为数字化转型提供人才支撑并加强人才储备。

3. 完善人才培养体系

为更好地实现数字化转型,期刊出版要完善人才培养体系。人才培养体系要符合实际的人力资源现状,并能够支撑长远的战略规划。

①要按需引进人才。期刊社要有自己的人才队伍发展规划,要根据期刊出版的业务需求、业务流程明确所需要的人才类型,在招聘时着重关注期刊出版所需类型人才并成功引进人才。

②开展人才测评,了解人才队伍现状。利用人才测评工具对现有人员的能力进行多方面的专业测评和衡量,并分析现有人才队伍现状。

③要完善培训机制。期刊出版的人才队伍培训不仅要做好新入职人员的培训,还要根据期刊出版发展所需制订多样化和差异化相结合的人才培养计划,不仅开展多方面培训,还要有针对性地加强专业技能培训,实现内部人才配置最优化。

④要求全员考取相关职业技术证书,鼓励考取在职学历,并给予一定时段的带薪上课支持和一定比例的学费支持。

⑤引进竞争奖励机制,激发内在动力。构建学习氛围,加强交流学习,采用竞争上岗等方式激发员工内在动力,并提供资金支持等物质奖励,从精神和物质两方面促进人才自发地成长。

⑥确立人才发展规划,打通职业发展通道。期刊社要根据自身情况建立人才梯队建设制度,对期刊编辑出版岗位进行分层分类的设置,打通期刊出版人才职业发展的通道,增强期刊出版的发展动力。

参考文献

[1] 王振铎. 编辑学理与媒体创新[M]. 开封：河南大学出版社，2010.

[2] 冯国祥. 编辑出版行为理性研究[M]. 杭州：浙江人民出版社，2011.

[3] 黄强. 编辑出版与先进文化建设[M]. 兰州：甘肃教育出版社，2011.

[4] 吴平，芦珊珊. 编辑学原理[M]. 武汉：武汉大学出版社，2011.

[5] 吴秀丽. 出版物编辑与发行[M]. 沈阳：辽宁大学出版社，2013.

[6] 于洪飞. 编辑的视野与维度[M]. 沈阳：辽宁科学技术出版社，2013.

[7] 任培兵. 科技期刊编辑与管理[M]. 石家庄：河北科学技术出版社，2013.

[8] 郑秀娟. 科技期刊编辑探索[M]. 北京：石油工业出版社，2013.

[9] 陈建中. 编辑工作与出版业发展[M]. 北京：中国经济出版社，2013.

[10] 姬建敏. 编辑出版教育研究[M]. 郑州：河南大学出版社，2014.

[11] 焦薇缜. 编辑主体研究[M]. 郑州：河南大学出版社，2014.

[12] 王华生. 编辑学理论研究[M]. 郑州：河南大学出版社，2014.

[13] 刘剑涛. 编辑出版史研究[M]. 郑州：河南大学出版社，2014.

[14] 郑德胜，张石. 图书管理与编辑工作研究[M]. 哈尔滨：黑龙江人民出版社，2015.

[15] 利来友，黄品良. 期刊编辑校对实用手册[M]. 桂林：广西师范大学出版社，2015.

[16] 林雪涛，简渠. 教育数字出版编辑论：内容开发与关键技术[M]. 重庆：重庆出版社，2016.

[17] 李珊珊. 现代编辑理论与实践研究[M]. 大连：大连海事大学出版社，2016.

[18] 郑铁男，张新华. 数字编辑运营实训教程[M]. 北京：知识产权出版社，2017.

[19] 胡太春，金梦玉．编辑出版实务：由传统出版到数字出版［M］．北京：中国广播影视出版社，2018．

[20] 秦慧媛．高校校报编辑队伍建设与职业发展研究［M］．长春：吉林人民出版社，2018．

[21] 林骧华．编辑审稿实务教程［M］．上海：复旦大学出版社，2018．

[22] 李慧娟．近现代图书编辑的责任研究［M］．延吉：延边大学出版社，2019．

[23] 易图强．编辑出版学典型案例评析［M］．长沙：湖南人民出版社，2020．

[24] 李充．论多元化、创新型科技期刊编辑出版人才的培养［J］．宁夏电力，2015（4）：64-68．

[25] 刘云川．初探信息技术的应用对期刊编辑出版工作的意义［J］．传播与版权，2016（7）：33-34．

[26] 王刚，耿晓军．新媒体融合下期刊编辑出版模式探讨［J］．科技创业月刊，2017，30（8）：117-118．

[27] 王娟利．新媒体环境下期刊编辑出版的转型发展［J］．中国传媒科技，2018（10）：83-84．

[28] 邵晓峰．微信在期刊编辑出版工作中的应用［J］．传播力研究，2019，3（21）：155．

[29] 刘晓莉．网络应用对期刊编辑出版工作的分析［J］．东方企业文化，2019（S1）：12．

[30] 侯延武．信息技术的应用对期刊编辑出版工作的意义［J］．新闻传播，2020（11）：66-67．

[31] 高炬．校对工作在期刊编辑出版中的地位探究［J］．新闻文化建设，2020（15）：33-34．

[32] 尹军．新媒体视域下期刊编辑出版工作探讨［J］．传播与版权，2021（1）：41-43．

[33] 尹军．数字时代期刊媒体编辑出版创新路径探析［J］．新闻研究导刊，2021，12（9）：216-218．

[34] 张宇燕，张婷婷，宋薇．新媒体时代期刊编辑出版工作创新策略研究［J］．新闻研究导刊，2021，12（16）：226-228．